MW01065917

Sal de tu Cielo

Camino hacia
la intimidad con Dios

P. Guillermo Serra, L.C.

EL ARCA
EDITORIAL

Sal de tu Cielo. Camino hacia la intimidad con Dios

Primera edición: septiembre de 2015
Segunda edición: mayo de 2016
Primera reimpresión: mayo de 2018

Diseño de cubierta: Margara Cortés
Ilustración de portada: Julián Cicero

© P. Guillermo Serra, L.C.
© Asociación Cultural Carrasco, S.C.
© Editorial El Arca, S.A. de C.V.
   Prado Norte 565
   Col. Lomas de Chapultepec
   C.P. 11000
   Deleg. Miguel Hidalgo
   Ciudad de México
   Tel.: 4760-4000

Augustine Institute ISBN: 978-1-950939-19-0

www.elarca.com.mx

Impreso en Canadá
Printed in Canada

Sal de tu Cielo se terminó de imprimir en el mes de junio de 2016, en los talleres de Editorial Penagos, Lago Wetter Núm 15, Col. Pensil Sur, Ciudad de México.

Al P. Álvaro Corcuera, L.C.,
quien me enseñó el camino hacia
la oración sencilla e íntima con Dios.

Índice

Capítulo III

Presentación

"No se sabe en ese instante si la tierra está en el cielo,
o el cielo está en la tierra…"
"Cuando el cielo baja a la tierra,
la tierra se convierte en cielo".

Después de haber leído el libro del monje Benedictino Benito Baur: "La intimidad con Dios", que tanto influyó para mi espiritualidad en los años mozos de mi sacerdocio, he tenido ahora la oportunidad de encontrarme con el libro "Sal de tu Cielo" del Padre Guillermo Serra, L.C., que resulta ser un verdadero y concreto "camino hacia la intimidad con Dios". Es un libro pequeño en apariencia y profundo en su contenido, que nos descubre inmediatamente con el fervor entusiasta de los primeros años de su vida sacerdotal, "el camino por donde han ido, los pocos sabios que en el mundo han sido" (Fr. Luis de León).

Al leer y meditar las páginas de este libro, se experimenta la sensación mística de ser llevados de la mano por la senda que conduce al encuentro íntimo con el Señor, el cual cristifica nuestra vida con la fuerza transformante del Espíritu, para la gloria del Padre. Une la reflexión contemplativa, con la alegoría poética y espiritual. Amalgama el pensamiento teológico, con la elevación delicada y tierna del sentimiento, que florece en "la Oración de los cinco sentidos", "las Bienaventuranzas de la ternura de Dios" y la "Oración para sanar heridas", hasta poder exclamar: "En ti, Señor, se pierde el alma mansamente, como gota que huyendo de un torrente se perdiera en un lago cristalino" (G. Riestra).

Es a la vez muy práctica y pedagógica su lectura y meditación porque al concluir cada artículo de sus tres capítulos, sugiere dos o tres cuestionamientos para obtener una buena síntesis y una aplicación práctica de lo leído en lo personal, o un buen recurso para compartir en diálogo entre los grupos y comunidades que se reúnen a orar. Yo mismo tuve recientemente esa experiencia en los Ejercicios Espirituales dados a un grupo de religiosas que se preparaban a la profesión de sus votos perpetuos. Fueron meditaciones en diálogo eucarístico y fervoroso, que marcaron el caminar de su consagración vital y definitiva. Al terminar dichos Ejercicios, llevaron consigo el librito del Padre Guillermo, como valioso apoyo a su perseverancia a través del tiempo.

El presente libro nos muestra que hay que determinarse en la vida a hacer el "camino hacia la intimidad con Dios"; poner en práctica el "Sal de tu tierra" (*Gn* 12,1), para poder encontrarse con el cielo de Dios y desde allí, volver a la tierra hacia una entrega de amor a los hermanos. Esta es la "revolución" que el Papa Francisco parece tener en mente desde los primeros días de su pontificado cuando nos exhorta a "que tengamos el valor de caminar en presencia del Señor, porque nuestra vida es un camino, y cuando nos paramos, algo no funciona. Caminar siempre a la luz de Señor… quiere decir aprender a salir de nosotros mismos para ir al encuentro de los demás, hasta las periferias existenciales, buscando a la oveja perdida, a la más lejana". De esa manera llevaremos todo el cielo de Dios a la tierra y seremos mediadores de la tierra con el cielo.

Precisamente agradecemos al Padre Guillermo que en su libro no nos habla de una intimidad – "intimista", sino de una intimidad encarnada y comprometida, como conviene a la delicadeza y ternura de un Dios misericordioso.

Otro aspecto notable que nos ofrece el presente libro, es resaltar y demostrar que no se puede llegar a la intimidad con Dios, si no se vive la intimidad con María, ya que el mismo Dios quiso necesitar de ella, a fin de formar al Hijo de Dios en su santuario bendito, por obra del Espíritu Santo, como el Verbo hecho carne de sus purísimas entrañas; allí aprendió su corazón a latir al ritmo del corazón de María. Será pues necesario marianizar la vida para poder encarnar en ese vientre bendito, que es el molde excepcionalmente forjador, al Cristo de la tierra con una consagración total y completa de todo nuestro ser.

No me resta sino agradecer al Padre Guillermo Serra, que nos haya abierto con las páginas de este libro, la puerta que nos ha de llevar por el camino hacia la intimidad con Dios.

+Mons. Felipe Aguirre Franco
Arzobispo Emérito de Acapulco

Introducción

Sal de tu Cielo surgió como una oración sencilla elevada a Dios buscando su presencia y cercanía. Desde entonces, ha sido un recurso que utilizo continuamente para explicar de modo simple lo que debería ser la oración de corazón a Corazón.

Dios nos invita a una aventura hermosa: la del descubrimiento de la vida espiritual. Hay que abrir el corazón, ser valiente y audaz para aprender a escuchar a Dios decirnos al oído, como un susurro: Sal de tu erra, abandona tus seguridades y camina hacia mí, como lo hizo Abraham (*Gn* 12,1).

Tal vez hemos escuchado esta invitación, y posiblemente hemos salido, y nos encontramos ya lejos de nuestra tierra. Sin embargo, sigue habiendo retos, luchas, caídas, tentaciones o desorientaciones. La experiencia de Dios, que nos invita a salir, a recordar de dónde salimos y hacia dónde vamos, necesita renovarse constantemente.

En este camino, donde somos peregrinos, ese «Sal de tu tierra» se va convirtiendo poco a poco en un «Sal de tu Cielo». Ésta es la súplica que hacemos a Dios cuando nos damos cuenta que solos no podemos.

Es el grito que vivimos de un modo especial durante el periodo de Adviento, en el que nos preparamos para celebrar la Navidad: Destilad, cielos, como rocío de lo alto, derramad, nubes, al justo (*Is* 45,8).

Y es entre el «Sal de tu tierra» y el «Sal de tu Cielo» donde se da el encuentro personal entre dos seres que se aman: tú y Dios. Esto es la oración, un coloquio entre un yo y un Tú (no un Él). Ojalá aprendamos a hablar *con* Dios, y no tanto *de* Dios.

El libro se originó a partir de los artículos publicados durante un año en un blog dedicado a la oración (www.la-oracion.com). Su intención no es tratar acerca de los diversos tipos de oración, ni pretende ofrecer una metodología de pasos a seguir para lograr una oración fructífera. Más bien, quiere centrarse en el amor de Dios por nosotros y en nuestro amor por Él, en su llamado, nuestra escucha y la respuesta de nuestro corazón a su amor.

El amor es la fuente de donde surge esa comunicación entre mi alma y Dios. Es iniciativa de Él, pues Él nos ha amado primero (1 *Jn* 4,10), y lo único que se requiere de nuestra parte es abrir el corazón.

El libro consta de tres capítulos: en el primero se aclaran algunos conceptos necesarios, como el silencio, para poder escuchar a Dios a través de la oración, y las actitudes que favorecen la apertura del corazón y que nos animan a hablar sabiendo que somos escuchados. También se da atención especial a reconocernos como hijos amados por un Padre que nos conoce y ve más allá de nuestras imperfecciones y debilidades, porque a pesar de ellas nos busca siempre.

En el segundo capítulo, los artículos están formulados con base en preguntas para meditar en circunstancias específicas, que puede atravesar el alma que quiere seguir peregrinando a la Tierra Prometida, y de pronto se descubre perdida. El fin es facilitar que se haga una experiencia profunda del amor de Dios a través de los afectos y emociones que le son más familiares.

Estas situaciones se encuentran ejemplificadas por pasajes del Evangelio, donde se narran encuentros personales con Jesús, para, a partir de ese diálogo, responder a las preguntas hechas oración. Desde esta perspectiva del encuentro vivencial en oración, se hace evidente que la limitación y la miseria humana, retratadas en los personajes, no son un límite para el amor y la misericordia de Dios, sino la ocasión para manifestarse.

El concepto de nuestra fragilidad es una constante a lo largo del libro, así como lo es en nuestra vida; el fin es reiterar la necesidad de tomar conciencia y sentirse profundamente valorado y amado, pues esa certeza será la que nos mantenga firmes en nuestro peregrinar. Debemos conciliar la sensación propia de indignidad con el amor divino, que es misericordioso y gratuito. Todos somos capaces de Dios y de la relación con Él a través de la oración.

Al final de los artículos se ofrecen preguntas y puntos de meditación que, con el apoyo del Espíritu Santo, ayudarán a centrarse en las ideas más importantes, aplicándolas a nuestra situación individual, para poder así crecer en la intimidad con Dios.

El tercer capítulo consta de distintos ejemplos de oración que pueden servir como guía para hacer oraciones similares con el propio corazón.

Sal de tu Cielo es un libro para ser leído, pero sobre todo para ser rezado. Más que leerlo de principio a fin, se sugiere saborearlo poco a poco, deteniéndose donde sea necesario, donde la oración sea más fructífera, ahí donde el corazón encuentre esa unión cercana e íntima con su Creador, con su Padre que ha salido de su Cielo para encontrarse con sus hijos peregrinos.

Sal de tu Cielo

¿Qué será salir del cielo,
si un vaciarse y no existir?
¿O dejar el paraíso personal
para vivir para los demás?

Mi cielo no es tan Cielo,
me lo creo por seguridad.
Pero mientras vivo en la Tierra
el cielo es mi debilidad.

Sal de tu Cielo no es un grito
ni un regaño a mi alma.
Es una oración hermosa,
un suspiro que me calma.

Cada día me levanto
y escucho muy adentro:
«Sal de tu tierra» y obedezco
confiando en una promesa.

La rutina de ese eco
me golpea en lo más íntimo.
Salgo todos los días
pero pierdo el camino.

Por eso mi existencia
levanta la mirada a lo alto…

Si es que existes y me quieres,
no me digas cada día

que salga de mí mismo.
¡Ven Tú Señor a caminar conmigo!

¡Sal de tu Cielo! Yo te ruego
que las nubes te lluevan
a mi alma afligida
y sin rumbo ya perdida.

¡Sal de tu Cielo!
El mismo que me tienes prometido.
Sé mi escudo y mi estrella,
la herencia siempre eterna.

Saldré entonces a la puerta.
Miraré al horizonte que me espera,
contaré estrellas y mis huellas
esperando tu presencia.

¡Ven Señor Jesús!
Sal de tu Cielo.

¡Ven Señor Jesús!
Camina mi alma.

¡Ven Señor Jesús!
Escóndeme en tu Corazón.

Cielo abierto teñido de rojo.
Cielo derramado en tus lágrimas.
Cielo prometido por tu Padre.

Capítulo 1

Actitudes al iniciar
la oración

1. ¿Cómo acercarse a Dios en la oración con un corazón humano e imperfecto?

La oración es buscar que dos corazones latan al unísono
La oración es una entrega de corazones, un intercambio de latidos, para al final encontrar el mismo ritmo y latir al unísono. Pero puede sucedernos que nos dé miedo hacer este intercambio, que no nos sintamos dignos.

Al llegar a la oración, muchas veces buscamos presentarnos ante Dios con un corazón perfecto, sin heridas ni remiendos. Pensamos que primero tenemos que arreglarlo para luego poder amarle, y olvidamos que la perfección está en el amor, no en la «perfección del corazón», y que nuestra relación con el Señor no parte de nuestra fidelidad, sino de la suya.

Nuestra fidelidad está basada en una promesa: la de Cristo
La fidelidad está basada en la promesa, en un querer firme de la voluntad de no ofender a la persona amada. Pero, ¿no habrá a veces algo de voluntarismo, de puritanismo, legalismo al querer ser fiel a toda costa, cumplir con normas, ritos y a veces quedarnos extasiados en nuestra fidelidad, dejando a un lado a la Persona y la Razón por la que vivimos y nos entregamos?

Él es tan bueno que puede permitir que caigamos, que seamos débiles y que la fidelidad no pueda ser sólo fruto de un querer, pues se corre el peligro de vivir la fe demasiado centrado en uno mismo.

La fidelidad es fruto de un amor entregado, el de Cristo, y ese amor debemos recibirlo cada día como don, maravillándonos de que siempre quiera acercarse a nosotros. La debilidad nos permite experimentar nuevamente el regalo que quizás habíamos dado por supuesto durante mucho tiempo. Así, podemos recordar que es mucho más virtuoso recibir su amor que darlo nosotros. Nuestra vida espiritual está centrada en Él y sus dones. Nosotros nada más correspondemos. Somos fieles porque Él es fiel.

La madurez es la constancia en el amor

Ésta es la verdadera libertad espiritual, la madurez profunda del alma que vive para Dios. Desde su debilidad, experimenta la más alta expresión del amor de Dios: su misericordia.

Sin esta experiencia vivencial de la misericordia, estaríamos incompletos en nuestro amor a Dios, porque no lograríamos comprender que lo que Él desea es que le entreguemos ese corazón de carne, que late, está vivo, busca, llora, ríe y ama. Ese corazón humano limitado, no un corazón espiritualizado, idealista, casi perfecto, ese que quisiéramos tener algún día, para entonces sí, amar a Dios.

Recordemos la parábola de la oveja perdida. Dios sale en su búsqueda, quiere su corazón herido, lastimado, imperfecto, ese que teme, que quisiera querer, pero no se atreve. El que a veces se esconde en los placeres del mundo, en la búsqueda de un Dios que no existe en la vanidad, en la soberbia ni en la sensualidad. Es ése el corazón que quiere rescatar Dios. No se lo ocultes, tus heridas son las puertas por donde Él va a entrar. Ámalo con un corazón de carne, herido, y déjale que entre y te sane. No quieras el regalo perfecto, no existe el corazón sin heridas. Ni siquiera el de Cristo estuvo libre de heridas, pues fue traspasado.

Tu debilidad será tu fortaleza si la entregas a Cristo
Experimenta tu debilidad como una bendición que te deja descubrir la esencia del Corazón de Dios en la oración y sentirte redimido por su amor, no tanto por tu fidelidad. Y así poder luego exclamar como san Agustín:

¡Tarde te amé, Hermosura tan antigua y tan nueva, tarde te amé! Y Tú estabas dentro de mí y yo afuera, y así por fuera te buscaba; y, deforme como era, me lanzaba sobre estas cosas hermosas que Tú creaste. Tú estabas conmigo, mas yo no estaba contigo. Reteníanme lejos de ti aquellas cosas que, si no estuviesen en ti, no existirían. Me llamaste y clamaste, y quebrantaste mi sordera; brillaste y resplandeciste, y curaste mi ceguera; exhalaste tu perfume y lo aspiré, y ahora te anhelo; gusté de ti, y ahora siento hambre y sed de ti; me tocaste, y deseé con ansia la paz que procede de ti.

¡Ay de mí, Señor! ¡Ten misericordia de mí! Contienden también mis tristezas malas con mis gozos buenos, y no sé a quién se ha de inclinar el triunfo. ¡Ay de mí, Señor! ¡Ten misericordia de mí! Yo no te oculto mis llagas. Tú eres médico, y yo estoy enfermo; Tú eres misericordioso, y yo soy miserable.

Toda mi esperanza estriba sólo en tu muy grande misericordia. ¡Dame lo que me pides y pídeme lo que quieras!

Para la oración:

✓ ¿Conozco mis limitaciones, mis defectos y mis heridas?

✓ ¿Comprendo que en lugar de ser una excusa para alejarme de Dios, deben ser precisamente la puerta por donde Él entre en mi vida?

✓ ¿Estoy dispuesto a exponer mi vulnerabilidad para ser libre? ¿A experimentar todo el amor de Dios en su misericordia?

2. ¿Cómo hacer silencio para escuchar a Jesús? Siete silencios, siete lecciones

La oración es hacer silencio para escuchar a Jesús

La oración es «música callada» y «soledad sonora». Es un grito amoroso dicho en silencio y manifestado con constancia. Es esperar para encontrar, hablar para callar, decir para escuchar.

Pero, ¿cómo vivir este silencio que es preparación indispensable para la oración? ¿Cómo vivir este lenguaje durante mi diálogo con Dios? ¿Y cómo hacer para que sea realmente un ambiente espiritual constante para toda nuestra vida interior?

Siete silencios, siete lecciones para crecer en intimidad con Jesús

A. **El silencio del protagonismo:** al acudir a la oración nos preparamos para el encuentro con Dios, sabiendo que lo importante no es tanto lo que queremos decirle, sino lo que Él quiere decirnos. Por eso, María, tras darse cuenta en Caná de que no había vino, dijo a los sirvientes: «Haced lo que Él os diga» (*Jn* 2,5). Escuchar al Maestro, sabiendo que Él ya sabe lo que necesitamos. Dejar que Él nos hable para que nos sorprenda con su milagro de amor y nos dé el vino que nos alegra el corazón.

B. **El silencio de las quejas, aceptando la voluntad de Dios:** el corazón entra a la oración con una historia, una experiencia y unas heridas. Ese corazón es como un mapa que Dios conoce y recorre. Deja que Él te descubra a dónde te quiere llevar y qué quiere de ti. Deja que Él te explique el para qué y te muestre su amor hecho sabiduría. Confía, escucha y camina.

C. **El silencio de la razón, cuando parece no haber sentido en mi vida:** la pedagogía de Dios necesita siempre ser iluminada por la fe. La razón necesita de esta luz, por eso he de entrar a la oración buscándola. Me hará «salir del desierto del "yo" autorreferencial, cerrado en sí mismo, y entrar en diálogo con Dios, dejándose abrazar por su misericordia para ser portador de su misericordia. Así, la fe confiesa el amor de Dios, origen y fundamento de todo, se deja llevar por este amor para caminar hacia la plenitud de la comunión con Dios» (Papa Francisco, Encíclica *Lumen Fidei*, 46).

D. **El silencio de la seguridad humana:** en nuestra inseguridad, nos abrimos a la amistad de Cristo, a su cercanía y a su misericordia. Escuchamos más cuando tenemos preguntas e inseguridades. Fijamos más la atención en Él. Acudimos más a su Corazón cuando nos sentimos indefensos. Mi inseguridad en tu Corazón para que tu Corazón sea mi seguridad: ésta tiene que ser nuestra oración en este silencio.

E. **El silencio del dolor:** llegar a la cruz fijando la mirada en Él, aprender de su silencio redentor. Pocas palabras nos dijo Jesús en la cruz. Caminó sufriendo por amor;

tuvo gestos salvíficos para los que le rodeaban. Su dolor era para los demás porque vivía su unión con el Padre de manera constante. El dolor es redentor cuando se silencia y se ofrece. Entra a la oración con un sentido de ofrecimiento para que también, en silencio, puedas hacer esa ofrenda uniéndola a la de Cristo.

F. **El silencio de la humildad:** de rodillas, más cerca de la tierra («humus», «tierra» en latín, origen etimológico de la palabra «humildad»). Somos polvo y al polvo volveremos. Vivamos esta realidad con fe. Yo no soy nada Señor, pero contigo soy todo porque te tengo a ti y esto me basta. Este silencio me hará vivir en la verdad y caminar más cerca de Jesús. El que es humilde camina por el camino estrecho, desconfiando de sí, pero confiando en Aquel que le llevará a la puerta de la vida.

G. **El silencio del abandono:** la oración me tiene que llevar a un acto de abandono que sintetiza los seis silencios anteriores. Es la actitud de la infancia y sencillez espiritual. Lanzarse al vacío porque mi Padre siempre me acoge, me protege y me cuida. Este silencio me llevará a descubrir la ternura de Dios, quien con infinitos gestos me grita al oído: «estoy locamente enamorado de ti».

Para la oración:

✓ ¿Cómo vivo el silencio preparatorio para la oración a lo largo del día?

✓ ¿Hay algo que tengo que evitar, dejar de hacer, para aprender a hablar este idioma del silencio que me abre a una experiencia más profunda, personal y real de Dios?

✓   ¿Cuál de estos silencios me cuesta más? ¿Por qué?

3. ¿Cómo ser tomados, bendecidos, partidos y dados en la oración?

Hacia una transformación profunda
La oración es entrar en el terreno sagrado del amor de Dios. Es descalzarse para quedar expuesto en su presencia y contemplar el fuego ardiente de su amor. La intimidad con el Dios del amor, de la verdad y de la vida nos tiene que llevar a una transformación profunda, semejante a la de Cristo en la Eucaristía.

A continuación, les presento cuatro pasos a seguir en la oración. Cada uno nos ayudará a lograr una meditación vivencial que nos permitirá imitar la entrega que Cristo realizó durante la Última Cena.

Ser tomados
El primer paso debe dar inicio a una oración generosa donde tomemos conciencia de que no somos nosotros los protagonistas, sino más bien es Dios el que toma la iniciativa. No hemos elegido nosotros a Dios primero, no hemos sido nosotros los que hemos decidido dedicar un tiempo a la oración. Es el Espíritu Santo el que nos mueve, nos impulsa a querer estar con Él, a entrar en su presencia.

Dios se nos adelanta y se acerca a nosotros desde su amor. Por eso «somos tomados» por Él, somos acogidos en su Corazón y puestos en su presencia. Nuestra oración es una respuesta a esta iniciativa, es un «dejarse tomar».

Este ser tomados por Dios puede llenarnos de temor y hacernos pensar: «no soy digno de que entres en mi casa, no estoy vestido dignamente para entrar en tu presencia». La tentación de querer ser nuevamente los protagonistas en la oración puede volver: «cuando esté listo, rezaré», nos decimos; «yo elijo cuando tengo que rezar; ahora no puedo, vivo en pecado; Dios no puede escucharme».

Ser tomados es una bendición porque, en esta acción, Dios, que todo lo sabe, nos invita a confiar en Él, y así nos lleva a experimentar el amor incondicional. No soy yo el que camino en la oración hacia Dios; es Él mismo, como Buen Pastor, quien camina conmigo en sus hombros. Soy tomado, cargado, mimado y sanado por esos hombros que más tarde cargarán con la cruz en mi lugar.

Señor, yo quiero ser tomado en la oración. No permitas que sea ciego a esta experiencia de tu amor. Déjame sentir tu mano que se extiende con cariño cuando hago silencio y acepto tu presencia. Que con humildad me abandone a tu presencia para dejarme hacer como María. Quiero ser cargado y tomado por tu amor. Quiero en silencio disfrutar de tu alegría y sostén.

Ser bendecidos
El siguiente paso, después de haber sido tomados, es hacer la experiencia de la bendición.

Bendecir significa «decir bien». Con Cristo y junto a Cristo en la oración nos sentiremos bendecidos porque Él nos dice bien quiénes somos, cuánto nos ama y cuál es la meta.

Ser tomado es confiar, ser bendecidos es vivir esta confianza de modo sensible a diario. Al ser tomados en sus hombros, como esa oveja perdida y herida, nos encontramos a una altura nueva y distinta. Vemos todo desde la visión de Dios. Escuchamos sus suaves palabras porque estamos más cerca de su rostro. Lo conocemos más íntimamente y nos damos cuenta de cómo nos conoce por nombre. Nos llama, nos atrae a sí, nos acaricia con sus manos que nos sostienen y nos dan seguridad. Esto es ser bendecidos en la oración: Cristo, llamándonos por nuestro nombre, nos «dice bien» quiénes somos y lo mucho que nos quiere.

Señor, transforma mis sentidos interiores en la oración para que pueda tocar desde la fe, la esperanza y el amor esta bendición que Tú me das siempre con tu presencia. Tu voz me da seguridad, me anticipa el Cielo, me sostiene y me transforma. Soy amado con un amor eterno por un Dios que me conoce íntimamente. Déjame ser bendecido, recibir todo de ti y para ti.

Ser partidos

El siguiente paso es el que más duele, pero es el más necesario. Es el de la purificación, el de tener que morir para dar vida: *si la semilla no se hunde en el surco y muere no dará vida.*

Ser partidos en la oración es seguir las huellas de Cristo hasta la Última Cena, donde se parte para darse a los discípulos.

En cada corazón hay una gran capacidad de amar y de entregarse, pero para ejercitarla se necesita antes de una gran purificación. Morir al egoísmo en la oración es dejar que Cristo ilumine las partes más oscuras de nuestra alma. Es exponerlas a su amor para que, tomados de su mano, lo imitemos sin ningún miedo y sin reservas. Ser partido es doloroso, pero si queremos dar fruto hay que morir en el surco. De una semilla pueden nacer miles. De una semilla de mostaza brota un gran árbol.

Señor, tengo miedo de ser partido, de purificar mi corazón imperfecto. No sé cómo hacerlo ni por dónde empezar. Confío en tu bondad infinita. Tómame, bendíceme y párteme para que puedas repartir mi amor donde más convenga. Yo solo no sé amar. Quiero imitar tu Corazón y hacerme Eucaristía para el mundo. Párteme después de bendecirme; quiero ser repartido en cada persona que me encuentre.

Ser entregados

El último paso de nuestro encuentro personal con el Amor es el fruto de esta experiencia. Ser tomados y bendecidos nos permite preparar el interior para multiplicarnos antes de ser entregados a las almas. Ser testigos de Cristo es donarnos, es gritar al mundo el amor de Dios y dejar un pedacito de nuestro corazón tocado por Cristo en el de cada hombre. Nos convertimos en testigos del amor de Dios, y Cristo nos dice: *dadles vosotros de comer.*

En este ser entregados, sucede algo maravilloso. Es la actualización del milagro de la multiplicación de los panes. Cuanto más me doy, menos disminuyo; al revés, me multiplico. Doy mis cinco panes y Dios los toma, los bendice, los parte y me los entrega para que los distribuya a las almas.

Doy amor, y en vez de perder amor crezco en amor. Me hundo en el surco, muero a mí mismo y tras la oscuridad del dolor, de la purificación, llega la nueva vida, la multiplicación de los frutos y de las obras.

Quiero seguir transformándome en tu amor, Señor, hasta llegar a ser uno contigo. Ser Eucaristía con la Eucaristía, ser amor con el Amor. Éste es el fruto de cada oración. ¿Quién me necesita, Señor? ¿Quién tiene hambre de ti para que yo pueda darte? Ahora comprendo cómo nuestro encuentro nos tiene que hacer similares, porque el Amor transforma, iguala, une y asemeja.

Quiero ser tomado por ti, para ser bendecido en tus hombros. Quiero ser partido para poder ser entregado a más almas. Que tu Eucaristía sea siempre el recuerdo de nuestro encuentro y así, cada día, pueda convertirme en ti, mi Jesús bien Amado.

Para la oración:

✓ ¿Soy consciente de la acción de Dios en mi vida y se lo agradezco? ¿Veo cómo Dios me toma con sus manos llenas de ternura?

✓ ¿Reconozco la bendición de Dios cuando Él me ama como soy?

✓ Si Dios no limita su amor por mí, ¿qué hace falta para que me disponga a ser purificado de mis imperfecciones? ¿Entiendo que sólo siendo partido puedo ser repartido?

✓ ¿Estoy dispuesto a darme y dar el amor de Cristo a los demás, para así crecer en intimidad con Él?

Capítulo II

¿Cómo orar para tocar a Dios con el corazón?

1. ¿Cómo entrar en la presencia de Dios?

Actos de fe, esperanza y caridad

La oración es entrar en la presencia de Jesús y dejar que Él se descalce para entrar en nuestro corazón. Acercarse a Él por medio de nuestro corazón humano, con actos de fe, esperanza y caridad. Con la humildad de quien se sabe necesitado y deseoso de ser perdonado, levantado y restaurado en su dignidad original.

Un fariseo le rogó que comiera con él, y, entrando en la casa del fariseo, se puso a la mesa. Había en la ciudad una mujer pecadora pública, quien al saber que estaba comiendo en casa del fariseo, llevó un frasco de alabastro de perfume, y poniéndose detrás, a los pies de Él, comenzó a llorar, y con sus lágrimas le mojaba los pies y con los cabellos de su cabeza se los secaba; besaba sus pies y los ungía con el perfume. Y volviéndose hacia la mujer, dijo a Simón: «¿Ves a esta mujer? Entré en tu casa y no me diste agua para los pies. Ella, en cambio, ha mojado mis pies con lágrimas, y los ha secado con sus cabellos. No me diste el beso. Ella, desde que entró, no ha dejado de besarme los pies. No ungiste mi cabeza con aceite. Ella ha ungido mis pies con perfume. Por eso te digo que quedan perdonados sus muchos pecados, porque ha mostrado mucho amor. A quien poco se le perdona, poco amor muestra». Y le dijo a ella: «Tus pecados quedan perdonados». Los comensales empezaron a decirse para sí: «¿Quién es éste que hasta perdona los pecados?» Pero él dijo a la mujer: «Tu fe te ha salvado. Vete en paz» (Lc 7,36-38; 44-50).

La fe me pone a sus pies en adoración

Esta mujer pecadora había escuchado hablar a Jesús y sus palabras llegaron profundamente a su corazón. Buscaba la oportunidad de tener un encuentro con Él. En su corazón daba vueltas a lo que le diría, cómo justificaría su presencia, qué le pediría… Un día, aprovechó que el Señor iría a comer con un fariseo para presentarse ante Él.

Cargaba a cuestas muchos pecados y la soledad era su única compañera. Abandonada, señalada por todos, indigna se acercó en silencio hasta ponerse detrás de Jesús, sentada a sus pies.

El primer paso para entrar en la oración y ponernos a los pies de Jesús es «escuchar». Escuchar, quizás hablar de Él, interesarse, dejarse interpelar por su nombre y avanzar hacia Aquel que siempre está «pasando» a nuestro lado. Descubrir tantas invitaciones que nos hace cada día. Así, poco a poco, ante su presencia real y amorosa, no tendremos miedo de acercarnos como somos. Cargando nuestra historia, nuestros pecados, miserias, pero también, y sobre todo, nuestras esperanzas, deseos, anhelos de auténtica felicidad, paz y amor.

Tener fe en el Maestro es hacer silencio a nuestro alrededor, a lo que otros dicen, piensan, incluso a lo que yo mismo pienso o digo de mí. Es presentarme a quien me conoce mejor de lo que yo me conozco para que Él me diga quién soy, y qué tengo que hacer con mi vida. Es dejar que sus pies caminen por mi alma, que el camino se haga peregrino en mi corazón, que sea viajero en mi interior, Pastor de mis esperanzas, temores, deseos, heridas.

A los pies de Jesús, esta mujer se siente libre porque se siente respetada, protegida y querida. Jesús la mira y se deja amar. Qué hermosa definición de lo que es nuestro encuentro con Cristo. Ser mirados y dejarnos amar por Él, dejarnos «hacer» de nuevo, ser creados por su amor, modelados, acariciados, renovados en esa imagen que Él tiene de nosotros en su Corazón.

La esperanza riega sus pies con mis lágrimas

Su mirada está fija en los pies de Jesús. No se atreve de momento a levantar sus ojos, quiere comenzar esta obra de conversión con un gesto humilde, de servicio, de cariño. Los pies de Jesús están llenos del polvo del camino. Un polvo que es una imagen de las historias de hombres y mujeres de su época, que ha conocido, visitado y redimido. Es el polvo del hombre que se pega en los pies del peregrino por excelencia. ¡Benditos pies! *Qué hermosos son sobre los montes los pies del mensajero que anuncia la paz, que trae buenas nuevas, que anuncia salvación, que dice a Sión: «¡Ya reina tu Dios!»* (Is 52,7).

Los ojos se llenan de lágrimas, que son como perlas que se ofrecen al Rey de su alma. Arrepentimiento, conversión, dolor, contrición. Cada una de esas lágrimas es un canto de amor y de adoración. La alegría superficial de una vida de pecado se transforma en una alegría profunda que se expresa con el agua que también nace del corazón de esta mujer y que transforma su mirada. Estas lágrimas son como un colirio que le ayudan a ver mejor a Dios. Colirio de fe y esperanza. Su vida ahora sí tiene sentido, todavía hay posibilidad de redención cuando hay arrepentimiento y esperanza. Ha aprendido a no esperar nada de los hombres y esperar en el Hombre-Dios.

Estar a los pies de Jesús es descubrir un nuevo paisaje lleno de esperanza. Esperar en Jesús no es esperar de Él, sino esperarlo a Él. Y decirle en silencio estas palabras:

Descálzate, oh Jesús, porque estás pisando tierra sagrada. Sí, como pediste a Moisés que se descalzase ante la zarza ardiente, hoy te digo que mi corazón es esa zarza ardiente. Descálzate porque mi vida quiere ser tierra redimida, tierra virgen, tierra que dé fruto. Déjame regarla con las lágrimas de mi arrepentimiento para que así mi corazón arda siempre ante tu presencia.

El amor derrama el perfume de mi corazón

El amor que expresa el corazón arrepentido es motivado por el deseo de conversión, de transformar una vida para vivir de verdad, vivir para el Amor y en el Amor. Así, lo que antes podría ser un arma para atraer al pecado, su cabello, ahora lo utiliza para enjugar las lágrimas, para secar los pies de Jesús. Todo tiene un sentido diverso, el amor busca expresarse en modos nuevos y más profundos, llenos de libertad y de seguridad. No teme este gesto, porque sabe que está segura junto al Maestro.

El amor no se queda ahí: tiene que transformar su vida y su exterior. Derrama el perfume de su corazón ahora ya sanado. Es el perfume que «salta» hasta la vida eterna, que da vida, que redime, santifica y convierte.

El amor del Maestro es silencioso en este momento. Se deja amar y, así, también está amando. Su silencio no es rechazo, es aprobación. Su silencio se convierte en diálogo para que sólo hablen los corazones.

En tu vida también tienes que derramar en la oración el perfume de tu corazón, también tienes que hacer gestos concretos en tu interior. Vivir para Él significa abrir puertas, descubrir heridas, limpiar rencores, ser libre para recibir la libertad que sólo Dios puede dar.

Ahora sí, cuando nuestro amor ha adorado, se ha postrado ante el Maestro, ha derramado lágrimas de arrepentimiento y ha desprendido el perfume del corazón, podemos decir que estamos en la presencia del Señor.

Escúchalo y verás que te dice: «*Porque has amado mucho, se te ha perdonado mucho. Tu fe te ha salvado. Vete en paz*».

Para la oración:

✓ ¿Conozco las situaciones, personas u objetos que me impiden hacer un silencio interior para ponerme a los pies de Jesús? ¿Presto atención a todas las ocasiones en las que Cristo toca a mi puerta?

✓ ¿Después de experimentar el dolor y el arrepentimiento por mis faltas, logro llenar mi corazón de la esperanza en el amor infinito de Dios?

✓ ¿He pensado en cuál sería el mejor perfume que podría derramar mi corazón ante la presencia de Dios?

2. ¿Cómo ver a Dios en la oración?

Ver a Jesús es el inicio de un camino

La oración es un querer ver a Jesús, es confiar y buscar una mirada que te cambiará la vida. Un deseo que nace de una gracia inicial del Espíritu Santo. Ver a Jesús es el inicio de un camino que te llevará no sólo a verlo desde la fe sino a querer estar con Él, reclinar tu cabeza sobre su pecho, como Juan en la Última Cena, para escuchar sus latidos de amor.

> *Habiendo entrado en Jericó, atravesaba la ciudad. Había un hombre llamado Zaqueo, que era jefe de publicanos, y rico. Trataba de ver quién era Jesús, pero no podía a causa de la gente, porque era de pequeña estatura. Se adelantó corriendo y se subió a un sicómoro para verle, pues iba a pasar por allí* (Lc 19,1-4).

Desde nuestra realidad personal

La oración es un encuentro de un corazón necesitado, herido, imperfecto. Zaqueo era un hombre rico, pero no era feliz. Su trabajo de recaudador y su avaricia le habían aislado. Su corazón no encontraba la felicidad en la riqueza. Era odiado y no amaba a nadie. Había escuchado que Jesús acogía a pecadores y recaudadores de impuestos. Y su corazón se preguntaba si quizás no sería ésta una oportunidad para escuchar una palabra de aliento y de consuelo. Despreciado y solitario, Zaqueo buscaba ver y tocar el amor de Dios.

Su actitud es la primera que debemos tener al entrar en la oración. La oración no es sólo para almas santas, preparadas o purificadas. Es un presentarse como somos, no como quisiéramos ser. No nos presentamos perfectos, sino dispuestos a ser perfeccionados por Cristo a través de su misericordia y amor. Nos abrimos a Dios, y queremos verle desde nuestra realidad personal.

Superando obstáculos

Zaqueo se levantó de su oficina y se dirigió a la calle por donde iba a pasar Jesús. Había mucha gente agolpada para recibir al famoso profeta. El primer obstáculo que tiene que superar es el respeto humano. Era odiado por todos en Jericó, y tomar esta decisión de mezclarse con la gente y hacerse un lugar para poder ver a Jesús, implicaba una gran humildad. Muchos aprovecharían para vengarse, se reirían, y seguramente tratarían de darle algún golpe.

Su poca altura le impedía ver quién era Jesús. La gente era obstáculo por su número, pero sobre todo, porque su baja estatura no le alcanzaba para clavar sus ojos en ese famoso profeta.

La oración es mover el corazón para levantarnos de nuestra situación actual, para ponernos en camino y superar obstáculos para ver quién es Jesús. *Te conocía de oídas pero ahora mis ojos te han visto* (*Job* 42,5).

En nuestro interior hay mucha «gente» que nos impide ver a Jesús. El corazón de cada hombre y mujer está habitado por toda esa «gente» que retrasa, complica y evita la llegada de Jesús: miedos, heridas, pasado, rencores, soberbia, sensualidad, vanidad, ira... Descubre en tu corazón, en la oración, quién es la «gente» que habita en tu interior y cuáles son los principales obstáculos que no te dejan ver a Jesús.

Subiendo para ver mejor

Ciertamente, ser bajo de estatura es un reto. Muchos ya no podemos crecer físicamente debido a la edad, pero este «ser bajo de estatura» es más profundo. Se refiere a la estatura de la fe. No vemos a Jesús porque nuestra fe es «corta». Y necesitamos ayuda.

Hay que subir para crecer. Hay que luchar para encontrar ese árbol que nos ponga a una altura donde, desde la fe, podamos ver mejor, con mayor profundidad y claridad. Pídele al Espíritu Santo que te ayude a encontrar ese árbol: principalmente el Evangelio, la Eucaristía, la confesión, un buen libro espiritual, mayor cercanía a María, un sacerdote que pueda dirigirte.

Para la oración:

✓   Leer el pasaje lentamente, cerrar los ojos y penetrar en el interior de Zaqueo.

✓   Verme en Zaqueo: ¿en qué soy rico?, ¿en qué soy bajo? Quizás soy rico en amor al mundo, pero bajo en mi fe.

✓   ¿Qué anhela realmente mi corazón?

✓   Jesús, ¿quién es para mí? ¿Lo conozco sólo de oídas? Pedirle al Señor que lo conozca por experiencia.

✓   Zaqueo no podía ver a Jesús por la muchedumbre. ¿Qué o quién me impide ver a Jesús?

✓   «Subió a un árbol»… ¿Qué árbol tengo que buscar en mi vida para ver a Jesús? ¿Qué medio me permitirá hacerlo? Buscarlo y «subir a él».

3.   ¿Cómo me ve Dios en la oración?

Soy visto por Dios
La oración es el encuentro de dos miradas, en silencio, diciéndose todo y reservándose nada. Un esfuerzo por llegar hasta Dios, que no tiene comparación con el cariño, la ternura y la delicadeza con que Él se acerca suavemente a nuestro corazón y nos mira. Sí, ¡nos mira! Somos mirados por Dios y éste es el tesoro de la oración. ¡Soy visto por Dios, con un amor eterno!

Y cuando Jesús llegó a aquel sitio, alzando la vista, le dijo: «Zaqueo, baja pronto, porque conviene que hoy me quede yo en tu casa». Se apresuró a bajar y le recibió con alegría. Al verlo, todos murmuraban diciendo: «Ha ido a hospedarse a casa de un hombre pecador». Zaqueo, puesto en pie, dijo al Señor: «Daré, Señor, la mitad de mis bienes a los pobres; y si en algo defraudé a alguien, le devolveré el cuádruplo». Jesús le dijo: «Hoy ha llegado la salvación a esta casa, porque también éste es hijo de Abraham, pues el Hijo del hombre ha venido a buscar y salvar lo que estaba perdido» (Lc 19,5-10).

Nos conoce por nuestro nombre

En lo alto del árbol, Zaqueo buscaba ver «quién era Jesús». Estaba nervioso, no sabía qué esperar, aunque sí estaba seguro que este encuentro sería especial. Tenía tantas cosas que quería decirle, si es que el famoso profeta Jesús se dignara a mirarlo. Pero si tan sólo él pudiera verlo, sería suficiente.

Así vamos también a la oración, con esas expectativas, con un deseo de ver y conocer a Jesús, de tocarlo. Nos subimos al árbol de la oración, hacemos un esfuerzo, nos preparamos para el encuentro, queremos ver a Jesús… Seguimos una metodología, leemos el Evangelio, meditamos en un pasaje, pero quizás en el centro seguimos siendo sólo nosotros. Queremos ver a Jesús y nos olvidamos de que hay otra persona en la oración, «Alguien» que también tiene deseo de vernos, de mirarnos y de amarnos.

Nos mueve la necesidad, nuestra imperfección, nuestras faltas y limitaciones. Queremos ver a Jesús, que nos ayude, nos alivie, nos sane y nos limpie. Le pedimos cosas, gracias, curaciones… pero en el fondo nos olvidamos, quizás, que hay un milagro grandioso y muy hermoso que sucede en cada meditación: Dios nos mira y nos conoce por nuestro nombre.

Con su mirada nos acoge y transforma

Así fue como Zaqueo comenzó a sentir su corazón latir de un modo nuevo. Él, que iba a ver quién era Jesús, se encuentra con una mirada que desde la humildad lo acoge de un modo sorprendente y maravilloso: le llama por su nombre, Zaqueo. Sí, Jesús nos acoge porque nos conoce. No teme acercarse a nosotros. Sabe qué hay en nuestro corazón, conoce nuestros límites, pecados e imperfecciones. No espera nada de nosotros, ¡nos espera a nosotros! Somos vistos por Jesús en la oración con amor y misericordia. Conoce nuestra historia.

El Corazón de Cristo también late de amor y entusiasmo. Diría por dentro: «Ése me espera, tengo que mirarle y que sienta que lo acojo como es, con su miseria». Vería el anhelo en los ojos de Zaqueo, un anhelo que no había visto antes. Debió conmover al Corazón de Jesús el ver a este publicano, recaudador de impuestos, bajito, subido en un árbol para verlo.

La mirada y la llamada son dos caras de una misma moneda. Mira, llama, perdona y confirma en la fe. En la oración, recibimos todas estas gracias cuando nos dejamos mirar con humildad por Dios, cuando no nos reservamos nada, cuando nuestra mirada es sencilla como la de los niños. Querer ver a Dios es más un querer ser vistos por Él.

La mirada de Dios no es un simple ver, también significa algo más profundo: es conocer. Cuando Dios mira, es porque conoce. Dios ve y, a la vez, conoce. Conoce el corazón del hombre como nadie más puede conocerlo. Al posar Jesús la mirada en Zaqueo y en cada uno de nosotros en la oración, su amor penetra en lo más profundo del corazón y pone al descubierto, incluso para la misma persona, todo lo que hay dentro. Él sabe lo que me pasa, lo que me duele o inquieta, lo que me cuesta y lo que me ilusiona. Mis temores, heridas, esperanzas… todo. Me conoce más de lo que yo a mí mismo. Por eso, san Agustín decía: «Que me conozca a mí, conociéndote a ti».

En esta cena de amor, Cristo y yo nos exponemos el corazón

Ser vistos es también exponernos a su amor, porque Él es expuesto al nuestro. Su mirada perfecta perfecciona nuestro amor, lo purifica. Ser vistos por Cristo es ser acogidos en nuestra humanidad frágil y caída, para que en sus ojos veamos el Cielo que nos tiene prometido y nos animemos a caminar en su presencia. Es vernos perfectos en su amor, en el amor que Él nos tiene.

Soy visto con bondad y ternura, y no puedo tener miedo a ser visto así. Es el Corazón de Jesús que late de amor por mí. Con gran deseo he deseado este encuentro, Señor – podríamos decirle a Cristo–. Pero, con más razón, Él podría repetirnos, como en la Última Cena: *con gran y profundo deseo he deseado tener esta cena-encuentro contigo hoy, para darte de comer, para alimentarte y sostenerte en el camino.*

Más que detenerme en lo que yo hago en la oración (que a veces no veo o siento), es contemplar la acción de Cristo en mí. Ver cómo me mira, cómo me espera, cómo se dirige a mí y pronuncia mi nombre con tanta ternura, aceptándome, sosteniéndome y acogiéndome.

Para la oración:

✓   Ver a Jesús. Ver su mirada, que no me reprocha, sino que se «invita» a mi casa…

✓   Ver sus ojos y reflejarme en ellos. Allí, ver mi historia, mi vida, mis pecados y mis esperanzas.

✓   Escuchar cómo Jesús pronuncia mi nombre con dulzura, con cariño, con ternura y presentarle todo mi ser, mi vida, mi historia, todo lo que hay en mi corazón. Tal como Él lo conoce.

✓   Ver cómo su mano amorosa se alarga para tomar la mía, ayudarme a bajar del árbol y encaminarse a «mi casa». Agradecerle este rato de oración y comprometerme a cambiar lo que necesite, siguiendo el ejemplo de Zaqueo.

4.   ¿Cómo romper en la oración cualquier temor a mi indignidad?

Ser yo ante un Tú que me conoce

La oración es enviar un aviso a Jesús de lo que hay en nuestro corazón. Es presentarse con nuestra historia, nuestros amores, nuestras debilidades, miedos, temores y enfermedades. Ser yo ante un Tú que me acoge, me conoce y se adelanta.

Estando ya no lejos de la casa, envió el centurión a unos amigos a decirle: «Señor, no te molestes, porque no soy digno de que entres bajo mi techo, por eso ni siquiera me consideré digno de salir a tu encuentro. Mándalo de palabra, y quede sano mi criado. Porque también yo, que soy un subalterno, tengo soldados a mis órdenes, y digo a éste: "Vete", y va; y a otro: "Ven", y viene; y a mi siervo: "Haz esto", y lo hace». Al oír esto Jesús, quedó admirado de él, y volviéndose dijo a la muchedumbre que le seguía: «Os digo que ni en Israel he encontrado una fe tan grande». Cuando los enviados volvieron a la casa, hallaron al siervo sano (Lc 7,6-10).

El amor y el dolor rompen cualquier distancia cuando hay fe

No hay distancias, porque el amor, el dolor y todo lo que había en el corazón del centurión rompe cualquier barrera cultural o ideológica. Aun siendo pagano, no judío, no duda en pedir a Jesús este favor. No acude Él mismo por no considerarse digno.

Así, yo también tengo que ser capaz de romper esas barreras en la oración, esas ataduras que me impiden acercarme con sencillez y con confianza a Dios. Mi indignidad ha sido curada por su amor y su interés en escuchar lo que hay en mi corazón. Lo que es importante para mí, es importante también para Él.

Él camina con prisa a tu corazón cuando detecta tu fe

Mira a Jesús y déjate mirar por Él. Contempla quién es Él y quién eres tú. Maravíllate de cómo por cada paso que das por mejorar tu comunicación con Él, Jesús da muchos más para acercarse.

Él detecta tu fe, admira tu confianza y se encamina a tu casa, aunque no seas digno. Él se acerca a ti en cada oración cuando le presentas tu necesidad, aunque sea oculta. Él camina con prisa a tu corazón.

La fuerza de la Palabra deshace cualquier indignidad

La palabra de la Palabra, del Verbo encarnado, deshace cualquier sentimiento de indignidad. Él nos hace «dignos de servirle y de estar en su presencia», como decimos en la Santa Misa. Su amor expresado en palabras, nos dignifica y nos eleva a Él. Por eso es tan importante hacer silencio sobre nuestra indignidad para escuchar al que es Digno. Este diálogo nos hará abrazar nuestra miseria para quemarla en la misericordia de Dios.

Dejar que Él venga a mi casa

Estar en su presencia es más que un esfuerzo humano, un dejar que Él venga a mi casa, pues sabe que mi corazón no está perdido, no está «muerto». Es posible la sanación de mi corazón en cada oración. Pero ante esta venida, es importante prepararme, saber qué parte de mi corazón está enferma y necesita sanación. Quién es el que viene a visitarme y quién soy yo. Alegrarme porque la oveja que aparentemente estaba perdida ha sido hallada, porque el Señor se ha dignado a entrar en mi morada.

Para la oración:

✓ La Palabra de Jesús es poderosa, dejemos que llegue a nuestro corazón. La palabra de la Palabra es como una bomba atómica que explota en mi corazón y crea un eco de su presencia: una palabra tuya bastará para sanarme. Claro que sí, *una palabra tuya será esa bomba atómica de amor en mi corazón que producirá mayores efectos cuanto más grande sea mi fe.*

✓ La indignidad nuestra, *no somos dignos de que entre en nuestra casa*, debe ser un descalzarse para entrar en su presencia, como Moisés. Pero un descalzarse espiritualmente de debilidades, apegos, miedos, soberbia, pereza, enfermedades del alma… Ser quien soy ante Él.

✓ El tesoro de la Eucaristía: Jesús quiere entrar en nuestra alma. En cada Santa Misa decimos, antes de la Comunión: *No soy digno de que entres en mi casa, pero una palabra tuya bastará para sanarme.* Y Él, en silencio, se dice a sí mismo: Yo soy el que Soy. Y ésa es la palabra de la Palabra, y entra personalmente en mi corazón.

Tú, Señor, la Palabra, me sanas porque entras en mi corazón. Gracias, Señor, por humillarte al desear habitarme para que yo sea tu morada. Ayúdame a estar atento a tu presencia en mí. Aumenta mi fe.

5. ¿Cómo buscar a Jesús con confianza?

Es la fe la que te dará alas

La oración es mirar a Jesús con la confianza de un niño, caer a sus pies con la confianza de un enfermo y suplicarle con insistencia con la confianza de un pobre. Él está cerca de ti, viene como Padre, Médico y Rey de tu corazón; no temas, acércate y tu alma gozará de su presencia y de su amor. Es la fe la que te dará alas para llegar hasta Él.

Llega uno de los jefes de la sinagoga, llamado Jairo, y al verle, cae a sus pies, y le suplica con insistencia diciendo: «Mi hija está a punto de morir; ven, impón tus manos sobre ella, para que se salve y viva». Y se fue con él. Le seguía un gran gentío que le oprimía. (...) Mientras estaba hablando, llegan de la casa del jefe de la sinagoga unos diciendo: «Tu hija ha muerto; ¿a qué molestar ya al Maestro?» Jesús, que oyó lo que habían dicho, dice al jefe de la sinagoga: «No temas; solamente ten fe». Y no permitió que nadie le acompañara, a no ser Pedro, Santiago y Juan, el hermano de Santiago. Llegan a la casa del jefe de la sinagoga y observa el alboroto, unos que lloraban y otros que daban grandes alaridos. Entra y les dice: «¿Por qué alborotáis y lloráis? La niña no ha muerto; está dormida». Y se burlaban de Él. Pero Él, después de echar fuera a todos, toma consigo al padre de la niña, a la madre y a los suyos, y entra donde estaba la niña. Y tomando la mano de la niña, le dice: «Talitá kum», que quiere decir: «Muchacha, a ti te digo, levántate». La muchacha se levantó al instante y se puso a andar, pues tenía doce años. Quedaron fuera de sí, llenos de estupor. Y les insistió mucho en que nadie lo supiera; y les dijo que le dieran a ella de comer (Mc 5,22-24; 35-43).

Mis ojos en tu mirada y tu mirada en mis ojos

Acudir a Jesús es ponerse en camino, estar atento a sus señales, sus huellas y sus Palabras. Es oír de Él para buscarlo a Él. Buscar sus huellas es el primer paso. Abrir el corazón y la mente para que el mundo y los hombres nos hablen de Él. La oración es vivir sus huellas, tener hambre de Él para que, poniéndonos en su presencia, se nos revele y nos regale su mirada, su Palabra, su vida y su Corazón.

Jairo era un personaje importante, jefe de la sinagoga donde los judíos daban culto. Había escuchado del Maestro Jesús. Un nuevo Profeta con sabiduría y poder. En un principio, vio en Él al médico que podría curar a su hija. Tenía una gran necesidad de encontrarlo, pues quizás Él podría darle el regalo de curar a su hija gravemente enferma. Busca, pregunta, sale de sus seguridades y con la mente y su corazón puestos en su hija, lo encuentra.

Su búsqueda ha dado su fruto; está allí, en medio de la muchedumbre. Se acerca con cautela al inicio, pero con decisión. No puede perder tiempo, tiene que reclamar su atención, su hija está grave.

Así debe ser también nuestra oración, esta búsqueda del Maestro nos tiene que llevar a salir de nosotros, de nuestras seguridades, del afán de controlar nuestra vida, de ser creadores de nuestra propia felicidad; para salir a la búsqueda de quien no sólo da la felicidad, sino de quien *es* la felicidad. Muchas veces, Dios usa la cruz, la enfermedad, la soledad o la tristeza como medios para salir en búsqueda de nuestro corazón. Así, nuestros ojos, tan centrados en nosotros mismos, volarán hasta los de Cristo y entonces podremos experimentar la alegría de ser penetrados por la mirada de Aquel que nos consuela porque nos conoce y nos ama.

Mis rodillas se doblan irresistiblemente ante ti

El cruzar la mirada con la de Jesús lleva a la acción. Más bien, a la pasividad de la acción: Jairo se deja caer de rodillas en signo de adoración, admiración, pequeñez y súplica. El amor expresado en una mirada, suaviza el corazón, debilita todo miedo y da paso a este signo de sumisión y de entrega total en las manos de Dios.

Ponerse de rodillas ante Dios es señal de abandono, de seguridad puesta a los pies del Maestro. De rodillas, no tenemos facilidad de movimientos, no podemos huir, no nos podemos defender. Sí, la oración verdadera es un acto de humildad, de presentarnos indefensos ante el amor de Dios.

¿Cuántas veces hemos vivido defendiéndonos del amor de Dios, del camino estrecho de su seguimiento o de la cruz? Cuanto más recemos y estemos en su presencia, más humildes seremos, más cerca de la tierra estaremos y así recordaremos nuestro origen y la necesidad de Dios.

Pero Cristo no quiere humillarnos. Nos deja así de rodillas, para que levantemos la mirada, olvidándonos de nosotros mismos; para así contemplar su mano que se tiende para levantarnos, sostenernos y acariciar nuestras heridas. Él ejerce su poder sobre nosotros a través del amor incondicional y constante.

Por eso, puedo decir que la oración debe ser para mí un doblar irresistiblemente las rodillas ante su amor, un sentirme seguro en mi inseguridad, un humillarme para ser exaltado por su mano que se tiende para sostenerme, acogerme y abrazarme.

Levantados por Cristo podemos pedir con confianza

De rodillas se ve el mundo desde una perspectiva distinta. No hay escapatoria, vemos todo más cerca del suelo y más lejos del cielo. Pero Cristo no nos quiere allí tendidos. Nos permite algún tiempo en esa postura espiritual porque sabe que nos hace bien.

Al inicio de la oración, hemos buscado salir de nosotros mismos, lo hemos buscado a Él, hemos llegado hasta su mirada y sus ojos nos han penetrado el corazón. Esta fuerza poderosa de Jesús nos ha «derribado» al suelo, y de rodillas nos hemos reconocido pecadores, enfermos, pobres, necesitados de su amor.

Ahora, con nuestro corazón bien dispuesto, podemos pedir lo que más necesitamos. Desde la perspectiva de la humildad podemos suplicar insistentemente, como lo hizo

Jairo. ¿Qué necesidad vital tenemos y queremos pedir a Jesús? Entremos en nuestro corazón desde la humildad y veamos qué queremos, necesitamos y amamos, para presentarlo al divino Maestro. Tenemos la seguridad de que Él conoce nuestro corazón mejor que nosotros y, desde antes de que se lo pidamos, ya se encuentra nuestra petición en su Corazón. Por eso, cuando Él nos levanta, nos vuelve a mirar y nos escucha, ya sabe lo que necesitamos.

El final de esta historia de Jairo ya lo conocemos. Cristo le dice: «*No temas, ten fe, y lo demás sucederá porque ya estaba escrito en el Corazón de Jesús*».

Para la oración:

✓ ¿Qué actitudes me impiden confiar plenamente en Dios y en sus promesas? ¿Me he preocupado por conocerlo más para poder así crecer en fe y confianza en Él?

✓ ¿He considerado dejar mis seguridades y apegos para abandonarme en la voluntad de Dios?

✓ Busca en tu interior: ¿qué se interpone entre la mirada amorosa de Dios y tú: orgullo, autosuficiencia, desconocimiento o miedo?

Señor, como el padre del muchacho poseído, te pido: «Aumenta mi fe». Quiero conocerte porque así creeré y confiaré en tu fidelidad. Permíteme arrodillarme ante ti, no sólo físicamente, sino desde el espíritu, para poder así contemplar la grandeza de tu amor y nunca más dudar, que sólo Tú sabes qué es lo que necesito y lo que me hace falta para tenerme contigo. Ayúdame a confiar ciegamente en tu Providencia y tu misericordia.

6.   ¿Cómo apagar mi sed en la oración? (Primera parte)

La oración es estar sedientos de la sed de Dios. Es reconocer que estamos vacíos y necesitados sólo de Aquel que puede llenarnos y dar vida. También es dejar saciarse por Dios, llenarse del agua viva que Él nos quiere ofrecer: *Dios tiene sed de que el hombre tenga sed de Él* (san Agustín).

Tenía que pasar por Samaria. Llega, pues, a una ciudad de Samaria llamada Sicar, cerca de la heredad que Jacob dio a su hijo José. Allí estaba el pozo de Jacob. Jesús, como se había fatigado del camino, estaba sentado junto al pozo. Era alrededor de la hora sexta. Llega una mujer de Samaria a sacar agua. Jesús le dice: «Dame de beber». Pues sus discípulos se habían ido a la ciudad a comprar comida. Le dice la mujer samaritana: «¿Cómo tú, siendo judío, me pides de beber a mí, que soy una mujer samaritana?» (Jn 4,4-9).

Iniciativa de Dios por encima de todo. Un camino que nos permite encontrarnos en Dios
Cada encuentro con Dios, querido o buscado por nuestro corazón, no parte de una decisión personal, aunque así lo parezca. Es Dios quien tiene la iniciativa, como vemos en este pasaje: tenía que pasar por Samaria. Jesús estaba sediento por el camino andado y, fatigado, se sienta en el pozo. Es la fatiga del Buen Pastor en busca de la oveja perdida. Él sabe que la oveja, tarde o temprano tendrá también

sed, y desde la libertad de quien ama y espera, se sienta y se prepara para ese encuentro.

Perdidos, sedientos y heridos, nos acercamos a la fuente de agua viva. Esto es la oración: un camino que nos permite encontrarnos a nosotros mismos en Dios, nuestra propia verdad, identidad y vocación. Nos saciamos del agua que nos da sentido, que nos permite seguir caminando y nos señala el horizonte infinito que conduce a la vida eterna.

Nos conoce, nos acepta y nos invita
Era la hora sexta. Mediodía, hora de calor, soledad y humildad. La mujer samaritana se dirige al pozo para sacar agua precisamente en la hora de mayor soledad. Era consciente de su vida desordenada y por eso buscaba evitar el tener que hablar con otras mujeres que le pudieran recordar o echar en cara su pecado. Elige la hora cuando el sol cae más fuerte, cuando el caminar se hace más pesado. Es parte de su condición de pecadora, no tiene la libertad de sacar agua al inicio de la mañana o al caer la tarde. Su pecado ha ido aislando su vida social.

Acostumbrada a este camino solitario, se sorprende grandemente al encontrarse a alguien sentado en el pozo. Además, su sorpresa es doble al ver que es un judío el que habla con ella, mujer y samaritana.

En nuestra oración, Dios se adapta a nuestra realidad. Se sienta en nuestro camino para expresar su amor a través de una necesidad: «Dame de beber». Nos sorprende con su misericordia, incluso antes de que nosotros revelemos nuestra miseria. Nos conoce, está enamorado de nuestro corazón y viene a refrescarnos con su agua viva. La oración es dejarse descubrir por Dios con las luces y sombras de la historia personal para que Él la sane.

Estar sentado para un judío es la postura de quien enseña. Jesús, nuestro Maestro, comienza una pedagogía hermosísima que nos revela su deseo profundo de enseñarnos, su sed para apagar nuestra sed. La oración es aprender el amor del Amor. Escuchar sus palabras que nos van dirigiendo hacia Él, hacia esa agua que queremos buscar, pero que a veces no logramos encontrar.

La experiencia nos va enseñando que Dios se hace presente y nos invita a entrar en una comunión profunda con Él. Son tantos los pozos en los que se sienta y nos espera. La oración es también descubrir esos pozos, circunstancias o personas que nos invitan a entrar, tocar y profundizar en la Persona de Cristo. Ver a Jesús sentado y cansado del camino de mi alma. Tanto trabajo para llevarme a Él y yo tantas veces sigo perdido… Si tan sólo le diera el agua de mi amor, que es lo que me pide cuando con humildad me dice que le dé de beber.

La presencia de Jesús transforma un camino ordinario
Conocer a Dios y su don es el fruto de este viaje. Un encuentro cotidiano que, por la presencia de Dios, se convierte en especial. He aquí un elemento fundamental en nuestra oración: actuar la presencia de Dios. Este actuar no quiere decir inventar, sino ponerme en la presencia de Dios. Su iniciativa precede mi deseo de encontrarme con Él.

Cristo tiene sed, pide de beber y entabla un diálogo sorprendente y maravilloso. Su presencia al inicio en cierto sentido asusta y confunde a la mujer samaritana. Pide de beber directamente, sin presentarse, sin conocerla. Aparentemente es un diálogo que comienza con un gesto impaciente, pero sabemos que es la divina impaciencia de quien ama y no puede esperar a mostrar su amor. Así, en la oración, Él se me presenta y se me hace don.

Es cierto que su presencia puede llenarnos de un cierto temor. Quizás no nos acercamos a la oración con más frecuencia porque tememos que Dios nos pueda exigir. Nos falta entrar con confianza sabiendo que si Dios pide algo es porque quiere darnos mucho más.

Él no quita nada, y lo da todo. Quien se da a Él, recibe el ciento por uno. Sí, abrid, abrid de par en par las puertas a Cristo, y encontraréis la verdadera vida (Benedicto XVI en su homilía de inicio de Pontificado).

Para la oración:

✓ ¿Reconozco en mi vida diaria todas las ocasiones en las que Jesús me busca y me pide de beber? ¿Necesito abrir un poco más mi corazón para percibirlo?

✓ ¿Me siento agradecido de que Él tome la iniciativa aunque conozca mi miseria?

✓ ¿Con qué agua voy a apagar la sed de Jesús? ¿Tengo miedo de escuchar lo que me pide?

7. ¿Cómo apagar mi sed en la oración? (Segunda parte)

Si conocieras el don de Dios

En la primera parte, hemos contemplado la iniciativa de Dios, cómo nos conoce y cómo nos lleva a caminar en su presencia.

Ahora vemos cómo la oración es desear ser deseados, desear ser amados, comprendidos, queridos, acogidos. Éste es el primer movimiento del alma que siente atracción hacia un encuentro misterioso. Esa atracción viene como don de Dios, don que viene anticipado brevemente en ese deseo, por iniciativa suya, y que al final viene completado en la oración al decirnos: «Si conocieras el don de Dios».

Jesús le respondió: «Si conocieras el don de Dios, y quién es el que te dice: "Dame de beber", tú le habrías pedido a Él, y Él te habría dado agua viva». Le dice la mujer: «Señor, no tienes con qué sacarla, y el pozo es hondo; ¿de dónde, pues, tienes esa agua viva? ¿Es que tú eres más que nuestro padre Jacob, que nos dio el pozo, y de él bebieron él y sus hijos y sus ganados?» Jesús le respondió: «Todo el que beba de esta agua, volverá a tener sed; pero el que beba del agua que yo le dé, no tendrá sed jamás, sino que el agua que yo le dé se convertirá en él en fuente de agua que brota para vida eterna». Le dice la mujer: «Señor, dame de esa agua, para que no tenga más sed y no tenga que venir aquí a sacarla». Él le dice: «Vete, llama a tu marido y vuelve acá». Respondió la mujer: «No tengo marido». Jesús le dice: «Bien has dicho que no tienes marido, porque has tenido cinco maridos y el que ahora tienes no es marido tuyo; en eso has dicho la verdad» (Jn 4,10-19).

Conocer el don de Dios

El diálogo en este pasaje se sucede de un modo veloz y aparentemente contradictorio. Cristo pide de beber, y pocos segundos después, Él mismo se ofrece para dar de beber el agua viva. Conocer el don de Dios en la oración es escuchar, en primer lugar, ese deseo de Dios: «Dame de beber». El alma se estremece al sentirse necesitada, amada. *Señor, no tengo nada, soy poca cosa, mi agua no es pura, ni transparente y poco quitará tu sed* –podemos pensar–, pero Cristo quiere transformar nuestra agua enturbiada por el pecado en agua limpia y pura, gracias al contacto con «el don de Dios». Basta con estar abierto en la oración a recibir el don, a «conocerlo» (aquí tiene significado de unión, más que de conocimiento intelectual). Si uno mi corazón al del don de Cristo, el Espíritu Santo, mi corazón se purificará, brotará vida nueva y saltará hasta la vida eterna: «Dichosos los limpios de corazón, porque ellos verán a Dios» (*Mt* 5,8).

Probar el Cielo en la Tierra

El agua del pozo no quita la sed por completo. Volverás a tener sed. ¡Oh, mujer samaritana! Volverás a caminar en busca de algo que no es eterno, algo que no sacia. Yo te prometo evitarte tantos viajes incómodos y tristes aunque disfrazados de alegría y placer. Yo quiero que tu corazón no sufra, quiero que puedas caminar por cualquier lugar en esta vida, atravesar cualquier circunstancia y que puedas avanzar sin sed y sin desesperación. Quiero que pruebes el Cielo aquí en la tierra. Ésta es el agua que Cristo promete.

Purificarse para recibir el don de Dios

Es el don de Dios presentado no por un judío cualquiera sentado en el pozo de Jacob, sino por el Mesías, el prometido, el esposo de nuestras almas. En la oración tenemos que actuar la presencia de nuestro Jesús. Es Dios hecho hombre el que viene a visitarnos, el que se sienta en el pozo de nuestra vida. No es un «judío» cualquiera, no es una invención. Actuar su presencia es dejarse tocar por su Palabra, por su amistad, cariño, consuelo y ternura. Es un dejarse conquistar por su amor.

Ahora, esta mujer ya está preparada para la pregunta dolorosa que Cristo le quiere hacer. La samaritana ha decidido aceptar el agua de la vida para así no tener que volver a sacar agua. Quizás hay algo de imperfección en este deseo, algo de motivación «práctica».

Sí, al inicio de nuestro encuentro con Dios puede que nos falte una intención pura, queremos que nos conceda muchas cosas, que nos mejore, más que darle nosotros nuestro amor. No te preocupes, es parte del proceso de purificación de nuestros deseos y anhelos. Él te irá guiando para avanzar y centrarte más en Él.

Así lo vemos cuando Cristo le dice: *Sí, estoy dispuesto a darte de beber de mi agua viva, pero antes, quiero que me presentes tu corazón, tu vida, tus amores, tu pasado, presente y futuro.* Por eso le dice: *Vete y llama a tu marido y vuelve acá.* La mujer, sorprendida ante esta petición, de un modo quizás superficial, le responde: «No tengo marido». Cristo confirma esta respuesta, lee su corazón, y la invita a bajar a lo más íntimo de su conciencia para sanarla y ofrecerle el don más grande. *Sí, no tienes marido, cinco has tenido, mujer, y el que ahora tienes no es el tuyo.* Y subraya esta afirmación: *En esto has dicho verdad.* Así es, Cristo busca nuestra verdad, quiere entrar en nuestra vida, para que hagamos la verdad en nuestro corazón. Quiere sanarlo de todo mal, pecado, apego o temor. Pero esta sanación no es para dejarlo vacío, sino al revés, para llenarlo de esa agua que no se acaba. Vaciar el corazón de nuestra inmundicia, para llenarlo de su amor y presencia.

Corazón a corazón: unidos para siempre

Estos seis maridos son aventuras pasajeras, distracciones, consuelos, intentos de encontrar un amor definitivo. Cristo vacía su Corazón con la intención de llenárselo. El número siete es el número perfecto en la cultura judía. Estos maridos son signos de la imperfección de un amor que no satisface, ni puede llenar. Cristo se presenta como el séptimo «marido», como el definitivo, el auténtico, el perfecto, el que puede llenar y saciar su corazón. Es el esposo de nuestras almas, el que llena de amor y nos inunda con el agua de su gracia.

En la oración, Dios nos irá ayudando a descubrir quiénes son estos maridos que nos impiden verlo, abrazarlo, experimentarlo. Quizás requiera tiempo, pero merece la pena adentrarse en esta aventura para encontrar el amor verdadero, el amor que salta hasta la vida eterna, pues *en esto consiste la vida eterna, en que te conozcan a ti, único Dios verdadero, y a tu enviado, Jesucristo* (Jn 17,3).

Para la oración

✓ Y yo, ¿conozco el don de Dios? ¿Entiendo que es Él quien me ha amado y buscado primero?

✓ ¿Conozco cuáles son realmente mis deseos? ¿Acudo a la oración con falta de pureza en la intención, buscando satisfacer mis anhelos?

✓   ¿Estoy consciente de que sólo Dios puede hacerme verdaderamente feliz? ¿Espero esa agua viva que Dios quiere darme?

8. ¿Cómo tocar a Dios en la oración?

Tocarlo con fe

La oración es acercarse a Jesús con humildad y tocarlo desde la fe. La oración llena de fe es «la debilidad» de Dios y la fuerza del hombre. Jesús no se resiste a hacer milagros cuando percibe una gran fe. No basta con tocar a Jesús, sino tocarlo con fe y experimentar cómo salen de Él muchas virtudes y gracias para curar nuestro corazón y cuerpo.

Entonces, una mujer que padecía flujo de sangre desde hacía doce años, y que no había podido ser curada por nadie, se acercó por detrás y tocó la orla de su manto, y al punto se le paró el flujo de sangre. Jesús dijo: «¿Quién me ha tocado?» Como todos negasen, dijo Pedro: «Maestro, las gentes te aprietan y te oprimen». Pero Jesús dijo: «Alguien me ha tocado, porque he sentido que una fuerza ha salido de mí». Viéndose descubierta la mujer, se acercó temblorosa, y postrándose ante él, contó delante de todo el pueblo por qué razón le había tocado, y cómo al punto había sido curada. Él le dijo: «Hija, tu fe te ha salvado; vete en paz» (Lc 8,43-48).

Nuestra propia enfermedad debe ser presentada con fe y esperanza

La mujer hemorroísa sufría desde hacía doce años esta enfermedad. No había encontrado remedio, se había gastado todo en doctores. Sólo le quedaba una esperanza, ese Jesús del que toda la gente hablaba. Debido a su enfermedad, era considerada impura, y todo lo que tocase automáticamente se convertía en impuro. Vivía en una soledad total, separada de la sociedad, de su familia, por doce años queriendo «volver a vivir». Esta soledad, necesidad de vivir, de ser alguien, hizo que sin temor se acercase a Jesús. Percibía en Él a alguien que podría devolverle la vida, dar sentido a esta enfermedad y curarla.

En la oración nos presentamos también enfermos, débiles, con temores, resistencias y profundas heridas que todavía sangran. Con facilidad buscamos en el mundo diversos «doctores» que puedan curarnos, distracciones o pasatiempos que en el fondo nos dejan igual y nos van desgastando. En la oración, nos presentamos conscientes de esta debilidad, pero a la vez llenos de fe porque estamos ante el único que puede curarnos de raíz, el que puede devolvernos la vida, dar un sentido profundo y nuevo a nuestra existencia y a nuestra soledad. Estos actos de fe y confianza son los pasos necesarios para llegar hasta el Maestro: *Creo en ti Señor, espero en tu amor, confío en ti, quiero amarte para vivir.* Presentamos nuestra vida ante Él, nuestra debilidad y enfermedad, con fe y confianza para que Él nos cure.

Acercarse a Jesús con humildad, con la mirada siempre fija en su amor y ternura
Con gran fe, se acercó a Jesús por detrás, y con delicadeza, consciente de su impureza, se atrevió a tocarle con fe la orla de su manto.

Cuando hay fe y amor, la oración se convierte en un buscar el bien de la otra persona: acogerla, cuidarla, amarla. Esto es lo que hace la hemorroísa. No piensa en sí misma. No quiere «molestar» al Señor; con humildad se acerca por

detrás y busca tan sólo tocar el borde de su manto. Sabía
que esto sería suficiente. La fe no busca evidencia, no quiere
tocar a toda costa o palpar como lo hizo santo Tomás. Basta
con un detalle, un gesto cercano y tierno. Es un decirle a
Jesús: *No te quiero molestar, sé que me amas y con tocarte
el borde del manto, te darás cuenta de que te necesito, que
estoy aquí, que te amo y que quiero poder abrazarte… pero
soy impura, mi alma es impura, necesito que tu amor me
purifique y me haga digna de ti.*

Así, la hemorroísa, buscando el bien de Jesús, el no «hacerle» impuro, logra su propio bien. La oración es buscar al
otro para encontrarse con él. Es dejarse encontrar buscando. Es rozar su corazón para encontrase dentro de él.

**La fe mueve el Corazón de Jesús y fija su mirada en la
humildad**

La mujer queda curada al instante. Jesús no espera a que la
mujer le diga qué necesita. Así es el Buen Pastor, conoce a
sus ovejas. Nos conoce y sabe lo que necesitamos, incluso
antes de que se lo pidamos. Por eso, muchas veces la oración
es ponerse en su presencia, quizás experimentando un silencio que no es indiferencia por parte de Jesús, sino un querer
expresar ternura, contemplar a su creatura tan amada y ad-
mirarla con amor.

Jesús estaba siendo oprimido por la multitud; sin embargo, sintió que una virtud salía de Él y gritó: «¿Quién me
ha tocado?» Los discípulos, asombrados, no entienden esta
pregunta. Decenas de personas están agolpadas, se empu-
jan, y estrujan a Jesús y sólo una «le ha tocado», aquella que
apenas ha rozado el borde de su manto.

Aquí Jesús nos dice con claridad que tocarle es amarle,
es tener la humildad de confiar en Él, de tratarle con ternu-

ra y fe. De acercarse a Él como un niño a su Padre y estar, sí, sólo estar junto a Él. Muchos estaban más cerca que la mujer, pero no tenían fe, era más bien curiosidad, rutina o imitación.

La oración nunca debe ser curiosidad o rutina. No es una actividad para llenarme de ideas o repetir fórmulas aprendidas de memoria. Esto sería como empujar y estrujar a Jesús, como aquel grupo que lo seguía. No, esta mujer nos enseña que para tocar a Jesús hay que tener fe, hay que acudir con confianza, presentarse con humildad y tener ternura hacia Dios. ¡Ah!, y sobre todo, hay que dejarse querer por el Maestro, que nos conoce, nos espera y al instante nos abraza con amor.

Queremos tocarte Jesús. Ayúdanos, Señor, a tocarte con fe, con la certeza de que siendo nuestro Buen Pastor, nuestro Padre Bueno, no dudarás ni un segundo en darnos lo que necesitamos para perseverar y ganar el Cielo de tu amor y tu compañía por toda la eternidad.

Para la oración:

✓   ¿Me acerco de manera mecánica a la oración o procuro hacerlo con fe y ternura? ¿He dejado que mi vida de oración se convierta en una rutina?

✓   ¿Qué obstáculos tengo que librar para poder acercarme a Jesús, que me ama y me espera?

✓   ¿Confío en que Cristo sabe qué es lo que en verdad necesito, aunque no sepa pedírselo, y me lo dará con toda seguridad?

9. ¿Cómo recuperar la vista sobrenatural en la oración?

Descubrir el amor de Cristo

La oración es ser tomados de la mano por Cristo, alejados de nuestro mundo y tocados por su amor, recuperando la vista sobrenatural que nos hace descubrir la novedad de ese amor.

Llegan a Betsaida. Le presentan un ciego y le suplican que le toque. Tomando al ciego de la mano, le sacó fuera del pueblo, y habiéndole puesto saliva en los ojos, le impuso las manos y le preguntaba: «¿Ves algo?» Él, alzando la vista, dijo: «Veo a los hombres, pues los veo como árboles, pero que andan». Después, le volvió a poner las manos en los ojos y comenzó a ver perfectamente y quedó curado, de suerte que veía de lejos claramente todas las cosas. Y le envió a su casa, diciéndole: «Ni siquiera entres en el pueblo» (Mc 8, 22-26).

Jesús nos ilumina progresivamente en la oración

Este hombre ciego es llevado hasta la presencia de Jesús. Le suplican que lo toque. Saben que el Maestro tiene poderes especiales de curación y que su mano es poderosa, restaura la salud, devuelve la vista, cura cualquier enfermedad. Jesús muestra su cariño y delicadeza con este hombre. Lo más fácil hubiera sido tocar sus ojos para que quedase curado. Pero no… Jesús lo toma de la mano, lo aleja del pueblo y se queda solo con Él.

La oración debe ser un presentarse ante Jesús con nuestras debilidades, como somos, con confianza. Y así, en su presencia, dejar que Él nos tome de la mano, nos aleje del ruido que llevamos dentro, de nuestras preocupaciones, miedos, temores y prejuicios. Es caminar con Él en silencio, dejando que el mundo y sus atracciones se vayan apagando en nuestro interior hasta que quedemos Él y yo, «fuera del pueblo», de mi hábitat natural, de donde yo me siento cómodo, donde controlo todo, donde quizás vivo con rutina.

Jesús mira al ciego, se apiada de él. Sabe que es ciego de nacimiento, que nunca ha visto. Quiere ayudarle a descubrir una realidad nueva de modo progresivo, para que se vaya acostumbrando. Si lo hubiera dejado en medio de la multitud y le hubiera devuelto la vista de repente, no hubiera podido resistir el nuevo panorama, tantas cosas nunca vistas, la gente agolpada, colores, luces, formas… No, Jesús lo separa y lo lleva junto a Él para que poco a poco pueda ir recuperando la vista.

Así es Dios con nosotros en nuestra oración, nos va introduciendo en esta realidad sobrenatural de la presencia de Dios para que podamos asimilarla poco a poco, desde el cariño de su presencia y consejo. Hay que acallar el corazón, prepararse para el milagro y hacer silencio para «ver cosas nuevas». Sí, formas, colores, luces… pero en un plano sobrenatural, que harán que nuestra vista humana se complemente con la de Dios. Ver al mundo desde Dios es la mayor y más importante curación que experimentamos en la oración.

Jesús entra en nuestro corazón y padece con nosotros

El gran doctor, Jesucristo, es capaz de entrar en la mente y el corazón del paciente. Entiende sus temores y esperanzas. Literalmente, simpatiza, sufre con él. Ve sus problemas, sus dificultades, sus retos. Por eso busca no sólo curarlo, sino hacerle bien mientras lo cura. Siempre tiene a la persona en el centro, por eso es paciente, busca un modo tal vez más complicado –humanamente hablando– de curarlo, pero más delicado y beneficioso para el ciego.

En la oración, no somos nosotros los que entramos en el Corazón de Cristo, sino que más bien es Él quien nos encuentra en su caminar hacia nosotros. Nos conoce, nos respeta, se adapta y se «pierde» dentro de nuestro corazón para buscar cómo curarlo. Sí, Cristo se pierde en nuestro corazón porque para eso ha descendido del Cielo, para encontrar a la oveja perdida. Se tiene que «perder», para que así nosotros podamos encontrarle. No es una paradoja, es una pedagogía maravillosa que implica silencio para poder escuchar los pasos de Jesús dentro de nuestra alma. Posiblemente haya lugares oscuros en nuestro corazón, ciegos, sin luz, y allí esté Jesús esperándonos, haciéndose el «perdido», para que salgamos en su búsqueda. ¿Cuáles son esos cuartos oscuros, cerrados, tristes de nuestro corazón?

Cristo se pierde, padece con nosotros y en nosotros. En la oración descubrimos a este Cristo doctor que nos saca de nuestro mundo, de nuestro pueblo, para encontrarnos con Él y ser curados.

Jesús nos cura de un modo que podemos entender

En el mundo antiguo se creía en el poder curativo de la saliva. Nosotros también lo sabemos, aunque sea de modo instintivo: cuando nos cortamos en un dedo, por ejemplo, el primer instinto es meternos el dedo en la boca.

El hombre ciego sabía de esto y por eso Jesús usa un método que puede entender. Usa gestos que el ciego comprende y con los que se identifica. La grandeza de Cristo no está en sus palabras elocuentes o gestos incomprensibles, sino en la sencillez de sus gestos y palabras, a los que se une su profundidad.

En el encuentro personal con Cristo, no hay que buscar fórmulas complicadas, sino más bien ir creciendo en sencillez y profundidad. Al inicio, podemos pensar que en el mucho hablar está el éxito de la oración, pero no, es más bien un dejar que otro hable, que nos enseñe sus gestos de amor, gestos que conocemos y que nos invita a imitar cuando estamos con Él y también con nuestros hermanos.

Además, Cristo cura al ciego de un modo progresivo, para que vaya asimilando esta nueva realidad maravillosa. También su revelación a nuestro corazón en la oración es progresiva, hay etapas, hay llanuras, montañas. Cada una de estas etapas nos prepara para la siguiente y perfecciona la anterior. Es el Maestro quien nos va purificando en este peregrinar espiritual por la oración. Progresivamente iremos viendo más, más lejos, más profundamente. Nuestro anhelo será cada vez más ensanchado y también más saciado, hasta poder recuperar la vista y ser así hombres y mujeres de fe.

Jesús, dame generosidad en la entrega para que me deje conducir por ti al lugar al que quieres llevarme. Haz que, como a Pablo, se me caigan las escamas de los ojos que ocasionan mi ceguera, y permite que poco a poco vaya creciendo en fe y en confianza en ti, para que tu amor transforme mi corazón.

Para la oración:

✓ ¿Soy dócil a la voluntad de Dios? ¿Dejo que Jesús me lleve adonde Él quiere?

✓ ¿He entrado al cuarto oscuro de mi corazón? ¿He descubierto a Jesús perdido en él, deseando ser encontrado?

✓ ¿He sido paciente con el avance gradual de mi vida espiritual? ¿Comprendo que Jesús quiere llevarme poco a poco, sin soltarme de su mano, para que pueda comprender mejor?

10. ¿Cómo resucitar a una nueva vida en la oración?

Morir por amor

La oración es morir para vivir. Es dejar que su presencia siembre semillas de eternidad en mi corazón para que, muriendo yo mismo, pueda cobrar vida y, así, dar vida a otros. Morir por amor para vivir y caminar en el Amor.

Subiendo a la barca, pasó a la otra orilla y vino a su ciudad [...] Cuando se iba de allí, al pasar vio Jesús a un hombre llamado Mateo, sentado en el despacho de impuestos, y le dice: «Sígueme». Él se levantó y le siguió. Y sucedió que estando Él a la mesa en casa de Mateo, vinieron muchos publicanos y pecadores, y estaban a la mesa con Jesús y sus discípulos. Al verlo los fariseos decían a los discípulos: «¿Por qué come vuestro maestro con los publicanos y pecadores?» Mas Él, al oírlo, dijo: «No necesitan médico los que están fuertes, sino los que están mal. Id, pues, a aprender qué significa aquello de: "Misericordia quiero, que no sacrificio". Porque no he venido a llamar a justos, sino a pecadores» (Mt 9,1; 9-13).

La soledad de un corazón inquieto

Este pasaje evangélico de la vocación de Mateo inicia con Cristo que cruza el mar de Galilea en barca hasta la ciudad donde vivía, Cafarnaúm (*Mc* 2,1). Era la casa de Pedro donde Jesús había fijado su residencia. Allí pasó largo tiempo, hizo milagros y predicó su doctrina.

Mateo vivía en esta ciudad y tenía como oficio recaudar impuestos. Sin duda había oído hablar de Jesús, lo habría visto pasar seguido de multitudes y los rumores de su acción milagrosa no habrían sido indiferentes para él. Dentro de él habría curiosidad, deseos de saber más. Su vida acomodada, llena de bienestar y riquezas, le había sumido en una superficialidad que ya no le satisfacía. Vivía envuelto en una soledad que le llenaba de tristeza y no encontraba salida. Era odiado por su pueblo, les cargaba la mano en los impuestos, se aprovechaba de ellos y era considerado un traidor, impuro e indigno del pueblo judío.

Y Cristo salió a sembrar...
Los Evangelios, al narrar la vocación de Mateo, presentan a Jesús, que sale por la orilla del mar, de aquel mar que tanto apreciaba. Un mar que le recordaba al cielo por el reflejo sereno de su imagen cuando estaba calmado. Llegar a su casa era estar con los suyos, abrir su intimidad.

Como un sembrador, salió por la ciudad a sembrar la semilla para que diese fruto a su tiempo. Tras curar en un primer lugar a un paralítico, siguió caminando por la ciudad en busca de un nuevo discípulo, alguien en quien se había fijado hacía tiempo y que el Padre había puesto ya en su Corazón.

Cristo había pasado toda una noche rezando al Padre para escoger a los discípulos. En un diálogo íntimo, le había dicho al Padre: *Elijo a los que Tú has escogido*. En su Corazón ya estaba Mateo; su nombre daba vueltas en su Corazón.

Cristo sembrador sale a sembrar cada día. Él mismo sembró admiración en Mateo, sembró nostalgia en su corazón, sembró semillas de soledad para disponer a este pecador a acoger la Palabra suave y poderosa de Cristo.

En nuestra oración, muchas veces podemos experimentar a un Jesús que pasa de largo, que se acerca pero que no nos mira todavía. Queremos tocarlo, pero aparentemente está «ocupado», pues no sentimos su presencia. Estamos sentados en nuestras ocupaciones, en nuestro pecado, viéndolo pasar, pero sin lograr dar el salto para seguirlo fielmente. Esto no nos debe preocupar, tenemos que ver esta etapa de nuestra oración como un «salir del sembrador a sembrar». Sí, Jesús sale, deja caer su semilla en nuestra alma, espera con gran paciencia, pues esta semilla tiene que morir primero, dejar de ser semilla y purificarse para germinar y poder dar fruto. El tiempo, el cuidado en nuestra oración, la constancia y el sacrificio serán el mejor cuidado que podamos dar a estas semillas de la gracia para disponernos a ese encuentro con la mirada de Jesús.

La semilla que se purifica

Mateo sentiría alegría al saber que el Maestro había vuelto a Cafarnaúm. Era una nueva oportunidad para poder saber más de Él. Preguntaba por Él a cada uno de sus clientes, su curiosidad era ya más profunda, se había convertido en inquietud. No estaba en paz, sabía que su vida tenía que cambiar. Esas semillas sembradas por Cristo estaban comenzando a dar fruto y sólo faltaba la oportunidad para poder hablar con Él.

Nuestra oración es un proceso de purificación que nos lleva de una curiosidad inicial a una inquietud, y de ésta, a una necesidad de Jesús. Entramos en contacto con Él porque ha sembrado tantas semillas a lo largo de nuestra historia, que sentimos el peso amoroso de la mano del sembrador que generosamente nos ha bendecido. Ha pasado por nuestro campo, ha ido pacientemente preparando la tierra de nuestro corazón. Quizás no siempre ha encontrado tierra buena, quizás muchas semillas se han perdido, sofocadas por las piedras de nuestro pecado, las espinas de nuestra falta de fe o la poca profundidad de nuestra vida espiritual. No importa, Él va a pasar hoy y nos va a buscar. Nuestro nombre va a ser pronunciado después de haber habitado por tanto tiempo en su Corazón.

Ahora sí, Jesús, estoy sentado. Estoy preparado y dispuesto. He decidido dar el paso, te espero. He muerto a tantos miedos, a tanta pasividad y falta de fe. Mi alma está lista, te necesito. He cuidado tus semillas, quizás algunas se han perdido, pero otras, las que he podido, las he protegido y he aprendido a morir para que ellas vivan. He muerto a mí mismo, a mi soberbia, a mi sensualidad, a mi rencor. Te abro mis heridas para que vengas como Doctor. Te entrego mi vida para que seas mi Pastor, mi hambre para que seas mi Alimento.

La mirada de Jesús da la vida

Jesús estaba saliendo de su ciudad cuando vio a Mateo. Es un «ver» que viene precedido de mucha oración. La mirada de Jesús penetra hasta el fondo, comprende toda la vida y circunstancias de Mateo, lo acoge, lo sana y restaura en él la imagen de Dios.

Dios no mira como los hombres. Él no sólo ve lo que era Mateo, sino que incluso lo proyecta al futuro y ve todo lo que puede llegar a ser si se deja modelar por Él. Ésta es la mirada de un Dios que nos conoce porque nos creó y nos ama. Ésta es la visión que debemos lograr en la oración, vernos como Él nos ve. Por eso, muchas veces sólo fijaremos en sus ojos la mirada y nos quedaremos en silencio. Las palabras sobran porque su mirada habla amor, comprensión, posibilidad, futuro, Cielo…

Tras verlo, el Evangelio narra que Jesús le dijo simplemente: *Sígueme*. Se trata de un diálogo veloz, sorpresivo y sin sentido para quien no sabe lo que ha ido sucediendo en el corazón de Mateo. Una mirada, una palabra, y Mateo responde con toda su vida.

No sólo responde inmediatamente: *se levantó y lo siguió*, sino que en ello recuperó la vida. En el texto original griego, el evangelista usa la palabra «resucitar» al indicar el movimiento de levantarse, usando la misma palabra para esta acción que más tarde se usará para hablar de Jesús «resucitado». Siendo así, debemos leer más bien: «Resucitó y lo siguió».

La mirada de Jesús resucita a Mateo porque antes, a través de tantas semillas sembradas por Cristo, había muerto a sí mismo. Nadie puede resucitar si no ha muerto. Cristo da la vida cuando la entregamos a Él y morimos a nuestro egoísmo, a nuestra soberbia, a nuestros temores, rencores, etcétera.

La obra maravillosa de purificación que Dios obra en nuestra oración es un morir que no queda sin fruto. Morimos porque quiere que nos levantemos y lo sigamos. Quiere que «resucitemos» en la oración y lo sigamos con un corazón nuevo, purificado, orientado completamente a estar con Él, donde quiera que vaya. Caminar con Jesús vivo, con un corazón resucitado. Éste es el fruto de la oración, éste es el ejemplo de san Mateo.

Señor, yo también soy pecador y te pido que tengas piedad de mí. Permite que entienda que mi circunstancia de pecado ha sido permitida por ti para que así pueda darme cuenta de que te necesito. Transforma mi curiosidad en inquietud y ésta en necesidad. Ayúdame a morir a mí mismo para renacer a la nueva vida y que seas sólo Tú «quien viva en mí».

Para la oración:

✓   ¿Cuáles son las cosas de las que no me siento orgulloso en mi vida?

✓   ¿Puedo identificarlas como semillas que Jesús ha puesto en mi corazón para que germinen y den fruto?

✓   ¿A qué situaciones y actitudes debo «morir» para poder seguir a Jesús y «resucitar»?

11. ¿Cómo presentar mis heridas a Cristo en la oración?

Donar mis heridas a Cristo

La oración es presentar mis heridas a Cristo, dejar que tome mi corazón, mi historia y mis sentimientos, toda mi miseria, para que Él los coloque en su Corazón y allí yo vea cómo se transforman por su amor misericordioso en vida, en esperanza y en plenitud.

Es un donar mis heridas a Cristo para que Él me done su misericordia. Miseria y misericordia se juntan para obrar el misterio del amor de Dios, que sólo se logra desde un corazón confiado.

Las diez Aes (actitudes) para presentar las heridas a Dios en la oración

A. **Apertura**: entrar a la oración con un corazón abierto, con el alma desnuda, con mi espíritu ligero. Si abro mis heridas, Dios las sana, pues es Médico. Podré volar, revestirme de su amor y compañía. Mi corazón latirá al mismo ritmo que el suyo.

B. **Acción de gracias**: comenzar la oración, mi «examen médico», agradeciendo a Dios todo lo que me ha dado, encendiendo mi alma de amor por lo que me quiere. También dándole gracias por lo que me ha quitado y cómo me ha guiado. Él nada quita y todo lo da.

C. **Arrepentimiento**: que mi corazón se sienta realmente triste, por haber ofendido al amigo y no por verme imperfecto. Que este arrepentimiento surja por amor, desde el amor y en el amor.

D. **Alegría**: la alegría de quien quiere sanar, confía en que puede sanar y sabe a quién acudir para que lo sane. Es una alegría profunda, un gozo colmado. Cristo es feliz de vernos y de curarnos. Que yo me alegre de recibir su amor.

E. **Amor**: que sea un acto de amor, no de temor. Señor te he ofendido, he amado poco, enséñame a amar. Contemplar su vida terrena, dejar que su Palabra se hunda en mi vida y dejarse caminar el corazón por este amor que no tiene fin.

F. **Admiración**: maravillarse de lo que sucede. Quedo limpio, estoy vivo, sus heridas me han curado.

G. **Amnesia**: Dios sufre esta enfermedad de pérdida de memoria. No recuerda ya nuestros pecados. Ojalá nosotros recordemos más su misericordia que nuestros pecados. Su perdón es profundo y total. Si Él nos perdona, ¿quién soy yo para no perdonarme o para preocuparme de algo que Él ya no recuerda?

H. **Alabanza**: alabar a Dios por ser tan cercano y por respetar mi libertad. Él me espera, no me empuja.

I. **Amistad**: renovar mi amistad con Él, amistad que queda sellada en cada confesión, con mi apertura y su misericordia. Es un pacto de sangre, la mía y la suya se juntan y quedo lavado por la suya.

J. **Abrazo de un Padre**: experimentar el abrazo del Padre de las misericordias, que me estrecha con tanta fuerza, que apenas me deja hablar. Es un amor incondicional, todo lo perdona. Que mi propósito sea amar más, amar mejor y no ofender a mi Padre.

Mis heridas en las tuyas, mi miseria en tu misericordia. Quiero vivir la más alta expresión de tu amor para crecer, volar, ser libre, sanar y alcanzarte, Señor. Sin tu misericordia, el mundo no existiría. Sin tu misericordia, mi corazón no existiría, no podría amar porque no sabría ser amado.

Para la oración:

✓   ¿Cuál de estos pasos me cuesta más o está ausente en mi oración?

✓   ¿Cómo vivo mi confesión? ¿Me preparo para este encuentro? ¿Soy capaz de examinarme bien, ver mis actitudes y desnudar mi alma ante Cristo para que Él la sane?

✓   ¿Qué dificultades experimento en la oración, en la confesión, que me impiden presentar mejor mis heridas? ¿Tengo alguna herida escondida que no presento?

12. ¿Cómo dejar que Cristo sane mis heridas en la oración?

Él conoce mis heridas mejor que yo

La oración es una cita con el Médico de nuestras almas, nuestro Creador y Redentor. Él conoce y guarda nuestras entradas y salidas (*Sal* 120), nuestra historia, nuestras heridas, nuestras miserias y también nuestros deseos de sanar, de vivir y caminar en su presencia (*Sal* 144).

Al hacer silencio en la oración, acallo mis heridas, mi dolor, mis «porqués», mis frustraciones, y fijo mi mirada en el divino Doctor. Dejo así que sea Él quien me pregunte por mis heridas, cicatrices o mi historia.

Me sorprenderé si le dejo hablar. Él conoce mis heridas mejor que yo. Él estuvo y está presente, a mi lado. Me ha cargado y me cargará para que no sufra tanto el peso de estas heridas. Es más, Él ha experimentado primero estas heridas en su propia carne y por ellas hemos sido curados (*Is* 53,5).

Descubro que Él no está tan lejos, nunca estuvo lejos. Necesito que Él me cuente mi historia, como lo hizo con los discípulos de Emaús (*Lc* 24), pedirle que camine conmigo, que se quede en mi casa y en mi corazón. Que parta su pan en mi presencia, que coma con Él la Eucaristía y que así yo pueda vivir y alimentarme de sus heridas y de su Pasión.

Era necesario que Jesús viniese a mi alma en la oración, para que sanase mis heridas con sus manos taladradas por los clavos, con su mirada penetrante, dulce, suave y serena, con su voz firme y acogedora, con su presencia paciente y luminosa.

Cuéntame Tú, Señor, mi historia, la historia de mi vida, de mis heridas. Sáname, Señor, porque Tú eres mi luz y mi salvación y ninguna herida ni nadie podrá hacerme temblar (Sal 26).

Toma mis heridas, Señor, son tuyas; y deja que las tuyas, sean mías. Escóndete en las mías y yo me esconderé en las tuyas. Mira Tú mi vida, redímela y sánala; mire yo la tuya y la acoja con amor y esperanza.

Que mi soledad y dolor sean ahora sanados por tu protección y amor. Amigo fiel que nunca fallas, Doctor de mi alma y Médico de mis llagas.

Me dan miedo y me avergüenzan mis heridas, pero las tuyas son tu gloria y el triunfo que presentas a tu Padre. Por mis heridas seré victorioso, si yo te las presento a ti para que las cures y las conviertas en señal de amor y victoria. Con esta señal llegaré al Cielo y me presentaré con confianza ante tu Padre, que es también mi Padre.

De la misma forma, la oración es un medio para curar las heridas de Cristo. Sí, ¡podemos consolar a Cristo! Acompañarle en su sufrimiento y en su Pasión, tal cual lo hicieron su madre y el discípulo amado, simplemente estando ahí, ofreciéndole el dolor de nuestras propias heridas, uniendo nuestro dolor al suyo, con el propio corazón en su Corazón. Por poco que parezca, a Dios no le es indiferente. *Porque no es injusto Dios para olvidarse de vuestras obras…* (*Heb* 6,10).

¿Cómo hacer una revisión médica espiritual frente a Cristo?

A. **Acto de fe**: *Creo, Señor, que eres el divino Doctor, Hijo de Dios, encarnado por amor a mí y que vienes a sanarme con tus heridas.*

B. **Acto de confianza**: *Confío en ti, Señor, porque tus promesas son eternas y quieres mi bien. Enséñame a conocer mi bien, abriéndote mi alma y mis heridas.*

C. **Acto de amor**: *Te amo, Señor, porque me has amado Tú primero. Te amo, Señor, porque me lo has demostrado con tu amor y con tus heridas, que siguen abiertas para que yo me esconda en ellas.*

D. **Acto de entrega**: *Te entrego mi historia, mi pasado, mi presente y mi futuro. Con mi historia te entrego los capítulos tristes y los alegres. Mis heridas, confusiones, dolores, ofensas, traiciones, infidelidades, indiferencias, pecados, pérdidas, abusos, rencores… todo. Las que he sufrido y las que he hecho yo sufrir a mis hermanos. Con mi presente te entrego mis cruces diarias, mis amores,* *mis dolores. Con mi futuro te entrego lo que soy y puedo ser, mis anhelos, mis sueños y mis penas futuras.*

E. **Acto de «despojo»**: Despojarse de toda vestidura, protección o careta. Desnudar el alma ante Dios, presentarle mis heridas como son y donde están. No hay nada oculto para Dios. *Así soy, Señor, así he sufrido. Éstas son mis heridas, Tú las conoces, aquí te las presento con cierto temblor, pero a la vez, confianza. Es mi vida, mi historia, mi identidad.* No la puedo cambiar, pero sí puedo dejar que me sanes.

F. **Acto de humildad**: *Entra, Señor, en mis heridas; me duele abrírtelas, me humilla volver a ellas, pero sé que hasta que no sean tuyas, no sanarán. Tuyas son, habítalas; tuyas son, sánalas.*

Gracias, Señor, por entrar en mis heridas, por estar siempre presente, por ayudarme a curarlas y a cicatrizarlas. Quiero que esta marca que quede sea un recuerdo de tu amor y un compromiso de mi decisión a vivir confiando en ti.

Escóndeme en esa divina herida que no sanará, no cicatrizará. Esa herida que siempre está abierta para que podamos escondernos en tu Corazón y, así, entendamos cuánto nos amas y cómo quieres sanarnos. En ti, Señor, confío; nunca quedaré defraudado.

Para la oración:

✓ ¿Cuáles son mis heridas? Identificarlas en la oración, entrando en nuestro corazón, repasando la propia vida junto a Cristo.

✓ ¿Culpo a Dios de algo? ¿Me he perdonado a mí mismo? ¿Me falta perdonar a alguien? ¿He pedido perdón a Dios?

✓ ¿Dónde me puede dar cita Dios? ¿Dónde puedo encontrarlo para que me sane? ¿Cómo va mi oración? ¿Mi cercanía a la Eucaristía? ¿Con qué frecuencia me confieso?

✓ ¿Estoy abierto, desde la fe, al milagro que experimentaron tantos hombres y mujeres en el Evangelio? ¿Sé realmente qué es lo que quiero que Jesús haga en mi corazón?

13. ¿Cómo robar el Corazón a Cristo en la oración? (Primera parte)

En silencio sube a la cruz por mí

La oración es acompañar a un Dios que se hace vulnerable y que toma sobre sí mi pecado. Es mirar cómo me ama, cómo sufre, cómo es herido y cómo en silencio sube hasta la cruz por mí. Es escuchar ese Corazón abierto y entrar en Él para nunca más volver a salir. Es contemplar el rostro de Dios en un Cristo que se deja deformar por el odio cruel para, así, formar en mí el Cielo de la redención.

Llevaban además otros dos malhechores para ejecutarlos con Él. Llegados al lugar llamado Calvario, le crucificaron allí a Él y a los malhechores, uno a la derecha y otro a la izquierda. Uno de los malhechores colgados le insultaba: «¿No eres Tú el Cristo? Pues ¡sálvate a ti y a nosotros!» Pero el otro le respondió diciendo: «¿Es que no temes a Dios, tú que sufres la misma condena? Y nosotros con razón, porque nos lo hemos merecido con nuestros hechos; en cambio, éste nada malo ha hecho». Y decía: «Jesús, acuérdate de mí cuando vengas con tu Reino». Jesús le dijo: «Yo te aseguro: hoy estarás conmigo en el Paraíso» (Lc 23,32-33; 39-43).

¿Quién eres tú, «buen ladrón»?

Un paso clave que tenemos que dar en la oración es saber quiénes somos y dónde estamos en nuestra vida. Tenemos un nombre, una historia, unas heridas y unos pecados que conllevan consecuencias. Muchas veces, esta realidad nos abruma y pensamos que nos impide rezar y tener un profundo encuentro con Cristo.

Nuestra realidad es precisamente la que nos lleva a acercarnos a Cristo, nuestra cruz es la que nos conduce como un barco al encuentro con Dios en el mar de su misericordia. Desde la cruz, clavados, flotamos y avanzamos hacia el Corazón de Dios. Es más, la cruz es el encuentro de un ladrón que le quitó la gloria a Dios y se presenta ante el tesoro infinito de Cristo, que se deja robar porque Él nada pierde y todo lo gana con su amor.

Tenía que morir...

Este buen ladrón llevaba escuchando todo tipo de gritos en contra de Cristo. Apenas se sostenía sobre la cruz. Buscaba cómo distraer su mente del terrible dolor de los clavos. Buscaba respirar con gran esfuerzo. En medio de su lucha, escuchó unas palabras que le llamaron la atención: *Padre, perdónalos, porque no saben lo que hacen.*

Esta frase logró que se olvidase de su dolor para fijar su mirada ante aquel hombre tan interesante. Sus ojos apenas se podían abrir, su rostro estaba cubierto de sangre y sudor. Pero, en un momento dado, tras escuchar esa frase, se giró y se sintió traspasado por su mirada. Entendió que era justo y no se quejaba. Miraba constantemente al cielo, como buscando algo o a Alguien. Sostenía su respiración y de vez en cuando bajaba la cabeza para mirar también a una mujer que, fija a sus pies, no cesaba de abrazarlos. Era sin duda su madre.

De repente, entre este cruzarse miradas y distraerse, fijándose en este supuesto Mesías, su otro compañero gritó: *¿No eres tú el Cristo? Pues ¡sálvate a ti y a nosotros!*

Entremos en el corazón del buen ladrón para ver lo que sucedió. Esta frase penetró su corazón. Algo había pasado mientras acompañaba a Cristo con su mirada al cielo y a su madre. No podía explicarlo, pero sabía que no; este hombre no podría salvarse y salvarles. No era su misión. Este hombre estaba condenado. Tenía que morir. Y él comprendió por qué. Por eso dijo a su compañero: *¿Es que no temes a Dios, tú que sufres la misma condena?*

Estaban sufriendo la misma condena que Dios.

Acuérdate hoy

Si quería salvarse él, Cristo tenía que morir. De un modo sencillo y humilde reconoció su divinidad. Sufrían la misma condena de Dios, pero no sólo eso, se dio cuenta de que Dios estaba sufriendo por ellos y en lugar de ellos.

La cruz se le hizo ligera, la respiración regresó con fuerza para poder decirle a Jesús: *Acuérdate de mí cuando vengas con tu Reino.*

¡Acuérdate! Sí. No me olvides, Jesús.

Este buen ladrón, con su humildad y acto de fe, le está pidiendo a Jesús que se acuerde de él, que no es sino pedirle que lo meta en su Corazón. Éste es el significado de la palabra «acordarse»: Méteme en tu Corazón y no me dejes salir de allí.

Éste es el camino de la oración, siguiendo los pasos del buen ladrón:

A. Ponernos en presencia de Dios, un Dios cercano que me acompaña y sufre conmigo y en mi lugar.

B. Hacer silencio para escucharlo.

C. Abrir los ojos para mirarlo y contemplar cómo sus ojos van al cielo y a su madre.

D. Hacer una confesión de fe y pedirle que nos esconda en su Corazón.

Y el buen Señor, Cristo, con su Corazón debilitado, pero amoroso como siempre, hace un esfuerzo para decirle que hoy estará en su Corazón; es más, que ya llevaba mucho tiempo dentro de él. *Desde antes de formarte en el vientre yo te conocía y te amaba* (Jr 1,5).

Así es el don de Dios. Es el amor del *hoy*, no del mañana. La oración es el encuentro del hoy de Dios y del pecado del hombre. Es un grito confiado para que Él se acuerde de nosotros, nos introduzca en su Corazón, y así podamos vivir en el Paraíso.

La cruz es la puerta de toda bendición, porque de ella cuelga el amor de nuestra vida. Con la cruz siempre viene Cristo. ¡No temamos!

Permíteme, Señor, contemplarte colgado del madero. Dame luz para entender que si bien cada herida, cada espi-

na y cada clavo sirvieron para lavar cada uno de mis peca-
dos, tu mayor regalo es acogerme en tu Corazón traspasado
y regalarme tu Espíritu con el agua y la sangre que han bro-
tado de tu costado.

Para la oración:

✓   Desde tu propia cruz, la que Dios permita, vive esta
oración abriéndote al amor del *hoy* de Dios.

✓   Repetir durante el día esta oración: *Jesús, si mi corazón*
se rompe, pégalo; si mi corazón se escapa, atrápalo; si mi
corazón no es tuyo, ¡róbamelo!

14. ¿Cómo robar el Corazón a Cristo en la ora-
ción? (Segunda parte)

Conversión personal

La oración del buen ladrón es el culmen de una conversión personal vivida y sostenida desde la cruz. Es fruto de
la contemplación de Cristo, manso y humilde de Corazón.
Desde el silencio sufriente, el buen ladrón logra escuchar en
su interior el mensaje de amor de Cristo: *No esperes que te*
olvide y no olvides que te espero.

El buen ladrón es conquistado por el Corazón de Cristo. Se vuelve su tesoro más precioso, la perla por la que merece la pena vender todo.

Jesús lo mira, lo ama, lo perdona. Podemos casi escuchar cómo Jesús interiormente le dice al buen ladrón:
cuando me abra el costado, me acordaré de ti, me robarás el

Corazón; la puerta de mi Corazón quedará siempre abierta,
y quedarás purificado con mi sangre. Recibirás tanta mise-
ricordia como pecados tengas, pues mi amor se expresa así,
siendo "robado", acordándome de ti y tú estando conmigo.

Un diálogo desde la cruz

Desde esta contemplación, les propongo un diálogo íntimo del buen ladrón con Cristo. Es un diálogo desde lo más
profundo del corazón. Es una conversación que más allá de
un examen de conciencia es un llenar el alma del agua que
apaga la sed.

No se trata de descargar mis pecados en Cristo, sino
más bien de entrar en lo profundo de mi alma, ver lo que
he robado a Dios, a su gloria (los pecados), las consecuencias que esto ha tenido en mi vida y, por último, el querer
entregarlas a Cristo para que Él las transforme con su amor
misericordioso.

Este diálogo del buen ladrón con Cristo puede ayudar-
nos en nuestra oración para hacer una experiencia sanadora de nuestra conciencia, abriéndonos al amor y al perdón
de Dios. Se trata de confiar de tal modo que supliquemos,
como el buen ladrón, un cambio de vida, una entrada a la
eternidad del amor de Dios.

Iniciamos con una invocación a Cristo: *Acuérdate, Se-*
ñor. Esta petición, como hemos dicho, no es otra cosa que
decirle a Jesús: «méteme» en tu Corazón. Desde ese lugar
privilegiado le presentamos nuestra miseria con sencillez,
con humildad y confianza.

A continuación, comenzamos una especie de «letanía»
de nuestros pecados, faltas, miserias, anhelos, heridas, miedos… No es una lista que presento mecánicamente, sino un
abrir el libro de mi corazón, para ir pasando las páginas de

mi vida, leyéndolas junto a Cristo desde la altura sanadora de la cruz.

Estas letanías son precedidas por las palabras «de mi»… como para que cada una pase de mi corazón al suyo: *Acuérdate de mí, de mi miseria, temores, soberbia…* etcétera.

Por cada página de mi vida que le presento a Cristo, tengo que escuchar cómo la lee Él desde la cruz. Yo debo hacerlo buscando apertura y dolor. Cristo la escucha y vuelve a leerla tomándome de su mano; con su amor infinito la purifica y la mete en su Corazón. Al final, Jesús me responderá: *Hoy estarás conmigo.*

Acuérdate, Señor: *Hoy estarás conmigo*
De mi soberbia.
Conmigo encontrarás perdón y te abrirás a la humildad. Crearé en ti un corazón manso y humilde.
De mi indiferencia.
Conmigo serás sostenido y nada te será indiferente, porque todo te hablará de mi amor.
De mi pereza.
Conmigo trabajarás desde el amanecer hasta el anochecer, porque la mies es abundante.
De mi rencor.
Conmigo perdonarás porque experimentarás mi amor y perdón incondicional.
De mi miedo.
Conmigo encontrarás la seguridad que tu alma busca; soy el Buen Pastor y te llevaré siempre en mis hombros.
De mi lujuria.
Conmigo te levantarás y serás libre para amar según mi Corazón, tendrás un corazón puro, limpio, transparente.
De mi falta de fe.

Conmigo moverás montañas y caminarás sobre el agua. Tu fe iluminará el mundo.
De mi desconfianza.
Conmigo te lanzarás a la aventura con total confianza en la Providencia, que te cuida y sostiene.
De mi falta de amor.
Conmigo tendrás el Cielo dentro de ti, porque todo te hablará de mí y del amor de mi Padre, un amor incondicional.

Y María contemplaba todo en su corazón
Para finalizar este diálogo repasando el libro de nuestras vidas con Cristo y acabar escondidos en el Corazón misericordioso de Jesús, tenemos que mirar a María.

Presenta nuevamente a la madre lo que hay en tu corazón, deja que ella te acompañe y cargue el libro de tu vida. Ella es buena lectora, sabe cómo «darle vueltas en el corazón» a cada página. Te enseñará lo que le enseñó a Jesús, te cuidará como cuidó a Jesús y te amará como amó a Jesús.

Desde la cruz, ella escuchó maravillada esa confesión de fe del buen ladrón que hoy es la tuya y la mía. ¡Cómo se habrá sentido el corazón de María al escuchar la frase del buen ladrón y la respuesta de su Hijo! La primera alma llevada al Cielo, allí mismo, delante de su corazón de madre. A partir de aquel momento repetirá a cada uno de sus hijos, a cada uno de nosotros, la historia del buen ladrón y, sobre todo, nos enseñará a rezar con la sencillez y profundidad del buen ladrón.

Madre, te abro mi corazón
Acuérdate, María de mi corazón, y enséñame a dirigirme a tu Hijo con esta oración tan poderosa. No permitas que me separe de tu protección y permanece siempre a los pies de mi

cruz. Madre mía, no permitas más tibieza ni mediocridad en mi vida.

15. ¿Cómo orar ante la cruz y la soledad, a ejemplo de María?

María nos da una gran lección

La oración es muchas veces estar, callar, contemplar, agradecer, sufrir y esperar. Hoy, María nos da una gran lección, se ofrece junto a su Hijo: estando, callando, contemplando, agradeciendo, sufriendo y esperando.

Junto a la cruz de Jesús estaban su madre y la hermana de su madre, María, mujer de Cleofás, y María Magdalena. Jesús, viendo a su madre y junto a ella al discípulo a quien amaba, dice a su madre: «Mujer, ahí tienes a tu hijo». Luego dice al discípulo: «Ahí tienes a tu madre». Y desde aquella hora el discípulo la acogió en su casa (Jn 19,25-27).

Junto a la cruz, uniendo el propio dolor al de Jesús

El dolor es presencia, ofrecimiento y escucha. Un idioma que pocos todavía hemos aprendido a «hablar». Santuario íntimo donde se encuentran los que se aman. Sobran las palabras porque los dos se acogen con miradas, gestos y el mutuo ofrecimiento. Es la presencia del amor de Dios. Es poseerse para dar lo más íntimo y profundo, el sufrimiento, lo único que sí nos pertenece. Es entregarse a pedacitos, arrancarse el corazón poco a poco para regalarlo a la persona amada.

En la cruz, la maternidad de María llega a su culmen. Su presencia es expresada en el Evangelio de modo sencillo, pero profundo: «Estaba». Sí, estaba firme y fiel. No pudo dejar a su Hijo solo, como casi todos los discípulos. Su presencia fue quizás el único consuelo de Jesús. Sus miradas se cruzan y se dicen todo en silencio, pues el dolor tiene un modo misterioso y callado de comunicarse. *Aquí estoy, Hijo mío. Aquí estoy, Madre mía.*

Nuestra oración en el dolor y el dolor convertido en oración deben ser también un ofrecerse, un hacerse don para Dios. Tal como estamos, como somos y con las pocas fuerzas que tengamos. Con nuestra fe debilitada, con nuestra esperanza puesta a prueba, con nuestro amor cansado por la intensidad y la distancia recorrida.

Es la oración de quien se toma en serio la Santa Misa cuando el sacerdote dice: *Orad, hermanos, para que este sacrificio mío y vuestro sea agradable a Dios Padre todopoderoso.* Sí, es hacer agradable mi sufrimiento, santificarlo por la entrega a quien lo redimió desde la cruz. Es ofrecerse al Padre, dejar que el corazón quede abierto, expuesto, débil y necesitado para que Dios pueda entrar, habitarlo, vendarlo y curarlo: *Pues Él es el que hiere y el que venda la herida, el que llaga y luego cura con su mano* (*Job* 5,18).

Vivir el silencio y la soledad en clave de esperanza

Al contemplar el corazón de María en relación con su Hijo, se nos paraliza el pensamiento, y el corazón late más fuerte. El corazón de María en la hora del dolor es más que nunca el Corazón de Cristo. Y el Corazón de Cristo es más que nunca el corazón de María.

Hay que hacer silencio, hay que apartar todo pensamiento y contemplar. Sí, contemplar por un lado al Padre, ofreciendo su Hijo al mundo, clavado en la cruz; y, por otro, a María, ofreciéndose también junto a su Hijo, firme y fiel, al pie de la cruz.

Todo lo mío es tuyo y todo lo tuyo es mío (*Jn* 17,10). El silencio de María se convierte en el silencio del Padre, y el silencio del Padre se convierte en el silencio de María. madre del Hijo, silencio del Padre. Padre del Hijo, silencio de la madre… Por eso, ella es capaz de vivir la esperanza, porque sabe que el silencio del Padre está cargado de promesas. En su interior tiene la certeza de que su Hijo resucitará. La Palabra vivirá en silencio por tres días, para después hablar definitivamente con su victoria. El silencio es preparación, esperanza, es dejar a Dios llenar nuestra angustia con su presencia y agarrarse de su mano cuando más nos aprieta para que no nos soltemos de Él.

Cuando confiamos en Dios, nuestra esperanza es recompensada y el silencio irrumpe en un himno de alabanza al contemplar los milagros que Dios obra en nuestro favor. María nos enseña a vivir el silencio de la cruz y del Sábado Santo con paz, pero sobre todo con profunda confianza. Repasa en tu vida, como lo hizo María el Sábado Santo, todas aquellas palabras que ahora resuenan con un eco especial: *Su nombre será Emmanuel, Dios con nosotros* (*Mt* 1,23); *Y a ti misma una espada te atravesará el alma* (*Lc* 2,35); *¿No sabíais que yo debía estar en la casa de mi Padre?* (*Lc* 2,49).

María asume su soledad en actitud orante y, por eso, lo que en principio se ve como la «ausencia» del Hijo que muere, se transforma en una «presencia», incluso más real que la física, a pesar de ser espiritual. Esa presencia es la unión de voluntades y de corazones. En la oración, Cristo es mío y yo soy de Cristo, nunca estoy solo. Haz la prueba. Asume, toma, recibe y experimenta tu dolor y tu soledad en esta actitud de quien ora con confianza.

Dejar que la cruz haga el vacío en nuestro corazón para que sea llenado por Dios

En María encontramos un corazón vacío de sí misma y del pecado, listo para acoger a Dios. Un corazón que habla el lenguaje de Dios, el idioma del amor, ¡Dios es amor!

Ella no se resiste a la obra de la cruz, no pone condiciones, no cuestiona el proceder del Padre. Sabe que la cruz es el instrumento que moldea el interior, que ayuda a hacer más hondo el propio vacío para que el Señor lo colme. La cruz duele cuando se rechaza y se reniega, pero es liviana cuando se agradece y se abraza como don de Dios. No podré llenarme de Él si estoy lleno de mí mismo, por eso necesito la cruz.

La cruz es la solución de Dios a nuestra culpa. La dulce compañía y presencia de María junto a la cruz es su respuesta al pecado del hombre, de todo hombre, porque ella es madre, sí, madre del Hijo, pero también madre nuestra. Nuestra cruz estará siempre bendecida con la presencia amorosa de Cristo y con la compañía cariñosa de María. No te olvides. Ella te ayudará a vaciarte desde la cruz para que Dios te llene con su presencia y para que el pecado desaparezca de tu vida. La cruz es señal de salvación, es la señal de que Él ha vencido y, en Él, tú también. ¡Ánimo! Él y ella estarán siempre a tu lado.

Madre mía, enséñame a aprender de tu silencio, que no es resignación ante el dolor, sino certeza y confianza de que de Él brota la esperanza y la nueva vida. Permite que imite tu fidelidad, permaneciendo firme al pie de la cruz, y que cuando quiera retirarme, te descubra junto a mí, dispuesta a darme todo tu amor y ternura para animarme.

Para la oración:

✓   Contempla en este día el silencio de María y su oración. Reza no sólo a María, sino con María, para que ella sea maestra del silencio en tu alma, maestra de oración.

✓   Toma un lugar junto a María ante la cruz y une tu dolor al suyo y al de Cristo. Siente que la carga es más liviana en esta trilogía de amor.

✓   Únete a la madre en el arte de la esperanza: aguarda a Jesús que va a resucitar, la vida vence a la muerte, la alegría a la tristeza.

16. ¿Cómo orar cuando es «de noche»?

En busca de su amor

La oración es una contemplación radiante de Cristo, pero también puede ser un grito en la noche en busca de su amor. Puede ser un diálogo amistoso, cordial, sereno, o también un esperar madurado en la soledad aparente de su ausencia.

No siempre experimentamos o sentimos la cercanía de Dios. Al entrar en la oración nos disponemos a caminar junto a Él, pero a veces su presencia no es tan tangible. Aparentemente nos abandona, o también puede ser que nosotros le abandonemos por el pecado. ¿Cómo rezar cuando es «de noche» en nuestro interior?

La noche no interrumpe la historia de salvación y de amor

La noche no interrumpe la historia de Dios con el hombre. La noche es un tiempo de salvación:

A. De noche, Abraham contaba tribus de estrellas. De noche, escuchaba el eco de la voz de la promesa: «así será tu descendencia» (*Gn* 15,5).

B. De noche, descendía la escala misteriosa de Dios hasta la misma piedra donde Jacob dormía (*Gn* 28,12).

C. De noche, celebraba Dios la Pascua con su pueblo, mientras en las tinieblas, volaba el exterminio (*Ex* 12,1-14).

D. De noche, en tres ocasiones, oyó Samuel su nombre. De noche, eran los sueños la lengua más profunda de Dios (1 *Sm* 3,1-10).

E. De noche, en un pesebre, nacía la Palabra. De noche lo anunciaron el ángel y la estrella (*Lc* 1; *Mt* 2).

F. La noche fue testigo de Cristo en el sepulcro. La noche vio la gloria de su resurrección (*Mt* 27,57-61; 28,1-6).

¿Cuándo experimentamos que es «de noche» en nuestro interior?

Hay diversos modos de experimentar la noche en la vida espiritual.

A. *Me siento solo:* es un llamado para vivir escondidos con Cristo en Dios (*Col* 3,3). La noche es fin del día pero también inicio del amanecer. La oscuridad es ausencia de luz, no tiene entidad propia, sino que es negación de la realidad luminosa.

Así, cuando nos sentimos solos en la noche tenemos que aprender a mirar hacia arriba. La noche está presidida por las estrellas y por el silencio que habla al corazón. Se escuchan ruidos nuevos, gritos, deseos e intimidades que brotan de una situación desconocida y prolongada a veces. La soledad nos debe llevar a alzar la vista y dejar que este sentimiento de abandono aparente sea iluminado por la luz de la promesa. Alaba al Señor, bendícelo, dale gracias por los infinitos regalos con los que te ha revestido. Atrévete a contar estrellas y regalos, verás cómo no alcanzas. Así es Él, te ha acompañado cada día de tu existencia, del mismo modo que lo hizo con Abraham. Tú eres heredero de esa promesa y Dios es siempre fiel. El cielo te recordará la promesa y las estrellas serán su voz. *¡No estás solo, levántate y camina!*

B. *No encuentro a Cristo, me siento como en el desierto*: la noche en un desierto es fría, constante, silenciosa, pero a la vez habitada por ruidos desconocidos. La ausencia de Cristo en mi interior me recuerda esta experiencia. Nada me llena porque Cristo no está conmigo. Mi alma se ha vaciado, se ha enfriado. tiene sed del Dios vivo (*Sal* 42,3), pero Él aparentemente no se hace presente. Duermo muchas veces soñando despertar en sus brazos, pero no está. Sin embargo, Él vela mi sueño con su sueño. Está dormido en mi interior, pero su Corazón vela, como una madre con su hijo (*Is* 49,15). Y de noche, en ese aparente desierto interior, desciende una escalera misteriosa hasta mi corazón (*Gn* 28,12). Esta escalera me enseña que mi oración tiene que ser sencilla y confiada. Buscar subir un peldaño cada día, aunque parezca que no avanzo. Este aparente sueño de Dios es para que despierte a una vida de mayor generosidad, para que vea desde lo alto de la escalera: mi vida, mi corazón y mi futuro. *¡Despierta alma mía, sube, camina, confía!*

C. *Mis sentimientos van por un lado y la voluntad de Dios por otro*: la salvación nos llega a través del paso de Dios por nuestra vida. Ésta es la noche santa en la que Dios se hizo presente en la vida de Israel, en su Iglesia y también en la tuya. Es una noche en la que salimos del Egipto seductor, dejamos una vida de esclavitud para encontrarnos con Dios. Deja a tus «faraones», aquellos que te oprimen y te esclavizan. Sal de tu «Egipto» con confianza, Dios hará milagros en tu camino. Aunque sientas oscuridad, aunque te presentes delante de un mar inmenso de dudas, temores y debilidades, Él quiere ser tu Camino, tu Vida y tu Verdad. *¡Levántate, camina, cruza el Mar Rojo camino de la tierra Prometida! ¡Vive para Dios, aliméntate del Cordero inmolado que fortalecerá tu voluntad para caminar hacia la tierra Prometida del Cielo!*

D. *El pecado me tiene atado*: desde el Cielo desciende la Palabra. Se esconde en medio del silencio de la noche. Aparece en Belén. En la oscuridad de mi alma manchada por el pecado nace una nueva esperanza. Os anuncio una buena nueva, os ha nacido un Salvador (*Lc* 2,10-11). Para entrar en Belén y encontrar la Luz del mundo tienes que ser humilde y agacharte. Sí, reconocer tu pecado reconociendo a tu Salvador. Él vino por ti y por mí. Por todos. Quizás no te sientas digno, pero puedes todavía ofrecerle el oro de tu corazón, el incienso de tu voluntad y la mirra de tus pensamientos. Deja que el Niño en Belén te renueve y te lleve a su Corazón. Te transportará hasta la cruz y allí encontrarás ese costado abierto que te sanará. *¡Agáchate con humildad, entra, adora y confiesa tu miseria para ser iluminado por la ternura de Dios!*

E.   *Vivo un momento de purificación interior*: la mano de Dios nos envuelve con cariño. En su pedagogía puede ser que a veces, con una caricia tierna nos cubra la vista interior para que nos purifiquemos. Nos ayuda así a «no ver» para escuchar más atentamente. Purifica el amor para que vivamos en el Amor y por el Amor. Sin ver en esta noche, siendo purificado, escucharás mejor tu nombre, con mayor nitidez, no sólo una vez, sino hasta tres veces, como Samuel. Y entenderás entonces que Dios tiene una misión para ti, que te ama y que te envía. *¡Despierta, escucha, no duermas, Dios te envía con amor para predicar el Amor!*

F.   *Experimento un dolor, una pérdida, una cruz pesada*: las tinieblas envolvieron el Calvario. La naturaleza quiso manifestar su luto ante la muerte del Hijo de Dios. También tu naturaleza humana ante el dolor, se transforma. Se llena de tinieblas, se une al dolor de Cristo, al silencio de la vida. Pero no te olvides, en tu oración y en tu dolor, que en medio de este silencio y de esta oscuridad brotó agua y sangre de su costado. Déjate limpiar por el agua de la vida. Que tu sed de amor, de consuelo, de infinitud sea saciada por el agua del amor de Dios. Y que tu fe, esperanza y caridad resuciten cada día que pases escondido en el costado de Jesús. Allí espera la resurrección, allí medita tu dolor y la muerte. Allí, contémplate en lo alto de la cruz junto a tu Redentor. Así, serás también llevado al sepulcro. Será también de noche, habrá silencio, pero al tercer día, muy temprano, escucharás un tremendo estruendo: la piedra ha sido removida porque el sepulcro no puede contener al que es la Vida. *¡Despierta, camina, sal y vive el gozo de la resurrección!*

Para la oración:

✓ ¿Has escuchado alguna vez una lágrima caer? El silencio te dejará escuchar su sonido.

✓ ¿Has visto alguna vez un latido del corazón? El silencio te hará mirar en tu interior y ver su color.

✓ ¿Has tocado alguna vez una estrella? El silencio te permitirá sentir la luz y la fuerza de las estrellas, testigos vivos de la fidelidad divina.

✓ El silencio es el lenguaje de las almas enamoradas. El silencio te permite escucharte para escuchar a Cristo. Es sentir tu dolor, sequedad y necesidad para reconocerte en el corazón del amado. En el mío no te encuentro, iré al tuyo para encontrarte y encontrándote ¡me habré encontrado!

17. ¿Cómo escuchar tu nombre en la oración?

Para que Cristo nos descubra

Orar es silenciar nuestro yo, para que Cristo nos descubra quiénes somos, pronunciando nuestro nombre desde sus labios de resucitado. Es dejarse dar sentido por la vida. Es dejar que su Palabra llegue hasta nuestros oídos para penetrar en nuestro interior y remover la piedra con la que nuestro egoísmo sella nuestro corazón. Mi nombre en su Corazón y su Corazón en mi nombre.

El primer día de la semana va María Magdalena de madrugada al sepulcro cuando todavía estaba oscuro, y ve la piedra quitada del sepulcro. Echa a correr y llega donde Simón Pedro y donde el otro discípulo a quien Jesús quería y les dice: «Se han llevado del sepulcro al Señor, y no sabemos dónde le han puesto» (...) Estaba María junto al sepulcro fuera llorando. Y mientras lloraba se inclinó hacia el sepulcro, y ve dos ángeles de blanco, sentados donde había estado el cuerpo de Jesús, uno a la cabecera y otro a los pies. Dícenle ellos: «Mujer, ¿por qué lloras?» Ella les respondió: «Porque se han llevado a mi Señor, y no sé dónde le han puesto». Dicho esto, se volvió y vio a Jesús, de pie, pero no sabía que era Jesús. Le dice Jesús: «Mujer, ¿por qué lloras? ¿A quién buscas?» Ella, pensando que era el encargado del huerto, le dice: «Señor, si tú lo has llevado, dime dónde lo has puesto, y yo me lo llevaré». Jesús le dice: «María». Ella se vuelve y le dice en hebreo: «Rabbuní», que quiere decir: «Maestro» (*Jn* 20,1-2; 11-16).

Orar es caminar hacia Jesús temprano porque el amor no espera

Muy temprano María parte hacia el sepulcro. Madruga, «despierta a la aurora» (*Sal* 56), no teme la oscuridad; su corazón está con el que ha sido traspasado. Sale de la ciudad, se aventura hacia una tumba cerrada. Un sinsentido, pues no podrá entrar, pero para quien ama no hay obstáculos, sólo muestras de cariño. El amor supera la lógica cuando el corazón ya no nos pertenece y cuando se ha experimentado la ternura de la misericordia divina.

Aquí tenemos unos elementos esenciales para nuestra oración personal. Despertar el día con la oración significa imitar a Cristo en su oración al Padre. Muy de madrugada, se levantaba para hablar de corazón a Corazón con quien lo había enviado al mundo. Hablaba de los suyos al Padre y el Padre acogía sus peticiones y le mostraba su amor, a ese Hijo amado en quien tenía su complacencia (*Mt* 3,17).

Al consagrar nuestro día con la oración, nos ponemos en camino hacia Cristo. Nos enamoramos del Amor nuevamente y afrontamos lo imposible. Somos creaturas nuevas puestas en camino hacia la resurrección. Dejamos que Cristo resucite cada una de las partes de nuestro corazón que están todavía muertas por la presencia del egoísmo. Se las presentamos con sencillez, con confianza y con apertura para que Él las vivifique, las sane, las restaure y las resucite a una vida llena de luz, gozo y caridad.

Buscando, nos abrimos a Él y preparamos el encuentro

María llega al sepulcro para encontrarse con la piedra a un lado. El sepulcro está vacío y su primera reacción no es de fe, sino que siente la ausencia del cuerpo. Salió en busca de un muerto y sigue buscando a un muerto. La fe todavía no ha tocado su vida, el dolor cubre su mirada, su cariño sigue buscando al Maestro que había conocido sentada a sus pies. Su corazón ha sido rasgado nuevamente, su herida sigue sangrando desde el Viernes Santo y su ausencia vuelve a herir su suave y tierno corazón.

El dolor sólo le permite ver un jardinero a quien reclama el cuerpo de su querido Jesús. En su diálogo transmite angustia, amor, miedo, inseguridad e impaciencia. Vuelca su corazón ante un hombre que no conoce, pero que le puede dar señales de Jesús. Quiere ver al Maestro, tocarlo y ungirlo de nuevo, pero no está. Las lágrimas corren de un modo incontrolado, su razón de existir, Aquel que restauró su dignidad ha desaparecido. Su vida pierde sentido, no sabe quién es ella sin Él.

La oración es vaciar el corazón, no esconder nada delante de Dios, dejar que Él nos descubra con nuestros sentimientos, heridas, anhelos y esperanzas. No consiste en querer presentarle un corazón perfecto y fuerte, Él no necesita de eso, prefiere en cambio la transparencia de quien se muestra tal cual es, tal cual se siente, tal como está al momento de hacer oración, sin querer disfrazar o adornar su realidad.

Escuchar mi nombre pronunciado por sus labios resucitados

María estaba hablando con Quien ella creía ausente y, sin que lo advierta, Jesús ya le estaba escuchando. A través de una pregunta sencilla: *Mujer, ¿por qué lloras?*, provoca todo un río de sentimientos que deja ver su gran amor a Dios. Las lágrimas en esta búsqueda de María se convierten en colirios de fe, que en un momento dado, tras hacer silencio, le permitirán escuchar su nombre pronunciado con amor por el Amor.

¿Cuántas veces Cristo se nos pone delante y nos pide que le contemos qué hay en nuestro corazón ante una aparente oscuridad, tristeza, angustia o soledad? Somos buscadores de Dios y esta pedagogía nos ayuda a afinar más el oído interno, a purificarnos en nuestro interior y estar listos para esa gran revelación de Cristo.

María sólo logra reconocer a Jesús cuando escucha que Él pronuncia su nombre. Sólo allí se le abren los ojos y se da cuenta de que es su Maestro. Cuando Jesús nos llama por nuestro nombre, nos muestra que Él conoce toda nuestra historia y rasgos particulares, que se interesa de una manera especial por todo lo que cada uno de nosotros es. Nuestro Creador y Redentor nos pronuncia, y pronunciándonos nos revela quiénes somos y quién es Él. La Verdad nos revela nuestra verdad; la Vida nos da la vida; el Camino se nos hace camino y se presenta lleno de amor.

Dios me llama porque me ama, tiene mi nombre grabado en la palma de sus manos y no puede olvidarse de mí (*Is* 49,15-16). Responderle es identificarme con su llamado. Haz silencio y déjate pronunciar por sus labios resucitados. ¡Tendrás vida eterna y ya no buscarás a un muerto, sino al Vivo para siempre!

Me muestro a ti, Señor, tal como soy, porque somos amigos, porque te tengo confianza y porque sé que la perfección está en el amor, no en la perfección del corazón. Aunque no te reconozca, Señor, aunque no pueda verte, en cada oración te busco, Tú lo sabes. Te presento mi corazón, mis deseos, mi presente, mis anhelos y temores. Muéstrame dónde estás, qué quieres de mí, dame razón de mi existir dejándome escuchar tu voz.

Para la oración:

✓ Haz un esfuerzo por comenzar tu día poniéndote en presencia de Dios, haciendo silencio para escucharlo pronunciar tu nombre.

✓ Como María Magdalena, cambia tu actitud de desánimo y tristeza a una de fe y esperanza, experimentando el amor de Cristo vivo en tu corazón.

✓ Descubre en el silencio de tu interior, que Dios te conoce y te ama tal cual eres. No puede olvidarse de ti y está dispuesto a transformar tu miseria con su amor.

Capítulo III

Ejemplos de oración
desde el corazón

1. ¿Cómo rezar contemplando los ojos de Cristo?

El paisaje de su amor

La mirada es un mapa del alma, una ventana al corazón de cada persona. Hay miradas tiernas que acogen. Hay miradas duras que alejan y que separan. Miradas limpias que dan y miradas que roban. Miradas que llenan de gozo y también miradas que dan miedo.

Mirar a Jesús en la oración es descansar los ojos del corazón en los suyos y entrar así en su Corazón humano. Es contemplar el paisaje de su amor, cada día distinto, nuevo, lleno de color y belleza.

¿Qué ojos podemos ver en la oración?

Ojos que se agachan para escribir mi nombre en el polvo y levantarme con su mirada para así ser restaurado (*Jn* 8,10: *¿Mujer, quién te condena?*).

Ojos que lloran la pérdida de su amigo, lágrimas que escriben ríos de amistad en cada uno de nuestros corazones. *Te amé y lloré por ti. Te amo y lloro por ti y contigo* (*Jn* 11,35: Resurrección de Lázaro).

Ojos que desde lo alto de la cruz reflejan el Cielo y gritan con amor: *En verdad te digo que hoy estarás conmigo en el Paraíso* (*Lc* 23,43: Buen ladrón).

Ojos que sueñan proyectos de amor, que penetran corazones y resucitan vidas muertas por el pecado. Miradas que, mezcladas con palabras, atraen la voluntad como un imán y crean discípulos incondicionales (*Mt* 9,9: *Viéndolo, le dijo: «sígueme».* Vocación de Mateo).

Ojos que conocen historias y nombres, miedos y sueños, angustias y esperanzas. Miradas que se alzan al Cielo y crean amistades que perduran hasta la eternidad (*Lc* 19,5: Encuentro con Zaqueo).

Ojos que abrazan, ojos que sonríen, ojos que simplemente son ventanas a un Corazón de niño, que con sencillez y gozo pide que los niños se acerquen a Él porque de ellos y de su sencillez es el Reino de los Cielos (*Lc* 18,16).

Ojos que perdonan, que cruzan miradas, aceptan límites, renuevan esperanzas. Ojos que traspasan corazones, que ven bondades ocultas y reales, y que acogen 70 veces 7, es decir, siempre (*Mt* 18,21-22: Pedro).

Ojos que siembran, riegan, abonan y esperan hasta que la mies esté lista para la cosecha (*Mt* 13).

Ojos que buscan a la oveja perdida, la persiguen con la mirada para que no se pierda. Ojos que ven en la oscuridad porque el amor siempre vela. Pastor que guía su rebaño con sus ojos de bondad y compasión (*Jn* 10).

Ojos que presentan su cuerpo y su sangre al Padre anticipadamente. Ojos que se ven reflejados en el sacrificio y que gimen y lloran porque no todos lo comerán, ni todos lo beberán. Ojos que se ofrecen en memoria; ojos que recuerdan y son recordados; ojos que se entregan, mirada que se funde con la nuestra en la Eucaristía. Mi mirada en su Corazón y su mirada en el mío (*Lc* 22,19-20).

Ojos que fueron mirados por María y ojos que miraron a María. Ver sus ojos es ver reflejada a la madre y ver los ojos de María es encontrarse con los de Jesús (*Jn* 19,25-27).

Ojos que te miran, ¡oh mujer y hombre! Ojos que te esperan. Ven, tenemos siempre abierto un Corazón cuya ventana es su mirada y te espera en el Sagrario.

Para la oración:

✓ ¿Qué mirada de Jesús has conocido en tu vida?

✓ ¿Cómo te ha mirado Jesús y cómo le has mirado?

✓ ¿Has notado alguna diferencia en cómo te miras a ti mismo y como te mira Jesús? ¿Has descubierto infinito amor y misericordia en su mirada?

2. La oración del «No sé»: un modo sencillo de rezar para los que no saben.

Debemos reconocer que no sabemos

La oración es fácil y difícil a la vez. Es fácil porque es Dios el que toma la iniciativa y a nosotros nos toca responder. Es difícil porque nos gustaría «saber» muchas cosas de esta relación con Dios, pero con humildad debemos reconocer que no sabemos. Sin embargo, es precisamente en este «no saber» donde encontramos una gran riqueza si dejamos que Jesús nos hable.

Les presento una oración sencilla para poder rezar con humildad, aprovechando nuestras debilidades.

Mi alma le dice a Jesús: «no sé» y Jesús le contesta a mi alma...

Mi alma: *no sé* qué decir...

Jesús: es que no tienes que decir nada, tan sólo escucha.

Mi alma: *no sé* cómo comenzar...
Jesús: es que no hay que comenzar lo que inició desde toda la eternidad. Yo te amo con amor eterno.

Mi alma: *no sé* cómo entrar en presencia de Dios...
Jesús: me tienes dentro, busca bien. Eres templo de Dios, haz silencio.

Mi alma: *no sé* qué hacer en la oración...
Jesús: no tienes que hacer nada, sino dejarte mirar por Mí y escucharme, lo demás llega solo.

Mi alma: *no sé* cómo escuchar...
Jesús: mi Palabra es eterna. Inclínate y apóyate en mi pecho, como Juan, y la escucharás.

La oración del "No sé" en algunos personajes del Nuevo Testamento

Samaritana: *no sé* dónde puedo saciar mi sed… (*Jn* 4,15)
Jesús: ven a saciarte en mi fuente. Yo soy el Agua que salta hasta la vida eterna.

Mujer adúltera: *no sé* perdonarme…
Jesús: no tienes que perdonarte. Yo te perdono y te levanto con dignidad, porque eres hija de un Rey (*Jn* 8,10).

Lázaro: *no sé* cómo asumir el dolor y la muerte… (*Jn* 11,11)
Jesús: ¡no temas! Yo soy el Médico y la Medicina, la Resurrección y la Vida. El que cree en mí no morirá para siempre.

Tomás: *no sé* cuál es el camino… (*Jn* 14,5)
Jesús: ¿no ves el camino? Soy Yo, tócame, si te sujetas de mí y caminas a mi lado ya estás en el Camino y llegarás a la Verdad y la Vida.

Felipe: *no sé* quién es el Padre, no lo veo… (*Jn* 14,8)
Jesús: quien me ha visto a mí, ha visto al Padre. Yo hago lo que es de su agrado.

Pedro: *no sé* caminar sobre el agua… (*Mt* 14,28)
Jesús: fija en mí la mirada y podrás caminar sobre cualquier obstáculo. Si retiras tu mirada, te hundirás.

Marta: *no sé* qué hacer con mis cansancios y preocupaciones… (*Lc* 10,40)

Jesús: siéntate a mis pies y escucha mi Palabra. No te afanes tanto, no necesito que hagas mucho, sino que ames mucho.

Zaqueo: *no sé* cómo llenar el vacío de mi vida... (*Lc* 19,2)
Jesús: déjame entrar en tu casa y llenarte con mi compañía.

Buen ladrón: *no sé* cómo reparar mi daño, devolver lo que he robado... (*Lc* 23,42)
Jesús: déjame robarte el Corazón y llevarlo conmigo al Cielo.

Juan: *no sé* permanecer de pie junto a la cruz sin sentirme desfallecer... (*Jn* 19,26)
Jesús: si te caes, yo te sostendré. La fidelidad pasa por la valentía de reconocer que sin mí nada puedes, que tu fuerza soy Yo.

Para la oración:

✓ Puedes ponerte en presencia de Dios y presentar tus «no sé» a Cristo, escuchando cómo Él te va respondiendo y, así, dejar que te llene de su sabiduría. Nosotros no sabemos, Él es la sabiduría infinita que nos ama, nos conoce y nos abraza.

✓ Jesucristo quiere enriquecernos, por eso, *si quieres saber algo, no quieras saber algo en nada (san Juan de la Cruz, "Subida al Monte Carmelo").*

3. La oración de los cinco sentidos

Cómo rezar utilizando los cinco sentidos

La oración de los cinco sentidos es una invitación a dejar que la presencia de Cristo se haga viva en cada uno de los sentidos de nuestro cuerpo, para que desde ese contacto podamos elevarlos a los sentidos del alma.

La humanidad y divinidad de Cristo se nos ofrecen en la Eucaristía, memorial de su Pasión, muerte y resurrección. ¿Cómo rezar ante Cristo presente en la Eucaristía utilizando los cinco sentidos?

Vista

Te miro Señor y sé que Tú me miras. Me conmueve tu soledad y tu vulnerabilidad. Deja que mis ojos te acompañen. Son ojos limitados, débiles y pecadores, pero quieren descansar en ti. Acoge mi mirada como un deseo de verte siempre en toda la Creación, en todas mis relaciones, en todas mis miradas. Quiero que tu Eucaristía, que Tú, Señor, aquí presente, seas mi filtro. Ver todo y mirar a todos contigo y a través de tu presencia. Purifica mi vista, afina mis ojos. Ayúdame a dejar que la fe siempre los limpie y los proteja de cualquier atracción al mundo. Que mi mirada sea honda y profunda para que siempre transmita paz, amor, serenidad y alegría.

Mirarte cada día es gozar de esos ojos color de cielo. Esos ojos tuyos que me hablan del Padre, me transforman el corazón y me enseñan ternura. ¡Mirada de Dios, ojos benditos de Cristo, purifica mi vista y fíjala siempre en la tuya!

Oído

Escucharte es hacer silencio y abrir mis oídos interiores. Es acallar mi corazón para escuchar por amor el tuyo. Es cambiar el ritmo de mis latidos para sincronizarlos con los tuyos. Unir mi voluntad a la tuya. ¡Tu silencio me dice tanto! Es compañía, recuerdo, fortaleza, idioma fecundo que llena mi vida. La Eucaristía es tu Palabra que se vuelve eco de amor: Te amé, te amo y te amaré: aquí estoy para sostenerte y hablarte palabras de vida eterna.

En silencio quiero poner orden en mi vida. Quedarme con lo esencial, desechar ruidos, noticias, sueños y planes que no me dejan escucharte. Abrir mi oído interior para aprender a hablar tu mismo lenguaje: el de los hechos, el de las obras. Quedarme contigo, acompañarte. Escuchar tu mirada y ver tus palabras viajar de tu Corazón al mío. ¡Palabra de Dios, amor sostenido en silencio, habla a mi corazón!

Olfato

Con tu Encarnación, Señor, me has enseñado la fragancia de la eternidad. Te has querido hacer alimento cotidiano, olor familiar tan necesario. Hueles a hogar entrañable, a recuerdo perfumado de Pan hecho Vida de mi vida. Pan caliente, recién salido del horno del sacrificio de tu amor misericordioso. Eucaristía del amor.

Que mi alma te alabe por el perfume de la rosa, el jazmín y la azucena. Ellos me ayudan a sensibilizar mi alma y a bendecirte por tan hermoso frescor. Pero, sobre todo, que mi alma te alabe, bendiga y agradezca por el perfume de tu Eucaristía: Cuerpo y Sangre de todo un Dios, aroma de hu-

manidad divina que me lleva hasta la cima del dolor y me permite contemplar el paisaje eterno de tu amor.

Quiero respirar hondo y disfrutarte. Olor suave, paciente, manso y cercano. Perfume delicado, tierno y eterno. ¡Aroma de Cristo, Palabra Eterna, fragancia de eternidad, inunda mi corazón de tu presencia!

Tacto

Señor, Tú sabes que no soy digno de que entres en mi casa, tampoco de tocarte, me basta con rozar el borde de tu manto para ser sanado. Quiero tocarte con la fe y sobre todo dejarme tocar por tu presencia, por tu mirada, por tu Palabra y por el aroma de tu amistad.

Tu mano en mi mano, tu caricia en mi rostro. Mis manos en tus heridas para curarte y consolarte. Mis rodillas al suelo para lavarte los pies con las lágrimas de mi arrepentimiento. Déjame sentir el frío del suelo a cambio de escuchar de cerca el latido de tu Corazón. Que entienda que el mundo es frío, la tierra es dura, pero pegado a tu costado todo lo calientas, todo lo suavizas, todo lo puedo sobrellevar si me tocas con tu amor inefable y misericordioso. ¡Ternura del amor de Dios, mano que me levanta, me acaricia y me perdona, sostenme siempre en tu presencia!

Gusto

Te espero con anhelo cada vez que te miro para poder recibirte. Sabes a pan y vino pero eres Tú presente, vivo y eficaz. Sabías que me asustaría comerte y con humildad te quedaste en los accidentes para hacerte más cercano, más mío y, así, casi sin darme cuenta, al tenerte ya en mi corazón, Tú me harías más tuyo. Gracias por tanta delicadeza.

Sabes a tierra, pero eres eternidad encarnada. Eres uno de los míos y me quieres uno de los tuyos. Ayúdame a recibirte siempre con reverencia, con fe, con esperanza y caridad. Gustarte es prepararse gozosamente para el banquete más importante. Es cuidar todos los detalles de mis otros sentidos para poder acogerte como huésped: limpiar mi corazón, perfumar mi alma, purificar mi vista, silenciar mi oído, suavizar mi tacto.

Gracias por ser tan necesario, tan cercano, tan mío y tan nuestro. ¡Cuerpo y sangre de Cristo, alimenta mi cuerpo y santifica mi alma para que guste siempre de las delicias de tu amor!

Para la oración:

✓ Intenta limpiar tu mirada de toda la contaminación visual de nuestros días. Fija tus ojos en Jesús. Trata de mirar los acontecimientos y las personas a través de sus ojos.

✓ Haz silencio de todo lo que te separa del Corazón de Cristo. Escucha en su interior cómo te repite incansablemente: confía en mí. Te amé, te amo y te amaré.

✓ Busca recibir la Eucaristía. Si es necesario, confiésate. Trata de experimentar con todos tus sentidos la presencia real de Jesús en tu alma. Deja que te toque con su amor y ternura.

4. Bienaventuranzas de la ternura de Dios

La experiencia de ser dichosos
La oración es llenarse del gozo de ser poseído por el amor de Dios. De esta vivencia nace la experiencia de ser dichosos, de ser bienaventurados. En las bienaventuranzas, Cristo se nos hace presente de distintas maneras y nos deja sentir su ternura.

Les ofrezco algunas bienaventuranzas de la ternura de Dios. Cada uno, en su oración, podría y debería continuar la lista según haya experimentado esta cercanía amorosa y tierna de Dios. Llévalas a la oración, déjate envolver por la dicha de ser amado por el Amor y no te canses de experimentar su ternura.

Bienaventurado serás...
Bienaventurado serás si te agachas para entrar en la cueva de Belén y así ver a Jesús, Hijo de Dios, en un pesebre, envuelto en pañales (*Lc* 2,1-20). *Ternura de Dios, hecha carne de mi carne, acaricia mi corazón.*

Bienaventurado serás si dejas que Jesús te cargue sobre sus hombros, te rescate de las tinieblas del pecado y te lleve a su rebaño. Él conoce a sus ovejas y ellas lo conocen (*Lc* 15,4-6). *Ternura de Dios, hecho Buen Pastor, carga mi corazón.*

Bienaventurado serás si te dejas perdonar por Jesús, quien nunca te condena. Su mano toma la tuya y te levanta para invitarte a no pecar más y seguirlo de cerca (*Jn* 8).

Ternura de Dios, hecha perdón y misericordia, acaricia mi corazón.

Bienaventurado serás si te alimentas del pan y el vino hechos carne y sangre de Jesús para la vida del mundo (*Jn* 6,33). *Ternura de Dios, hecha alimento de vida eterna, nutre mi corazón.*

Bienaventurado serás si dejas que Jesús fije su mirada en tus ojos para así sentir el amor tan grande que tiene (*Mc* 10,17-20). Su mirada de cielo te recordará tu vocación, tu tierra y tu destino. *Ternura de Dios, hecha mirada amorosa de Jesús, fija tus ojos en mi corazón.*

Bienaventurado serás si sacias tu sed de la única agua que puede dar la vida eterna. No volverás a tener sed y de tu corazón saldrán ríos de agua viva (*Jn* 4,10-15). *Ternura de Dios, hecha agua, que quita la sed y sacia mi corazón.*

Bienaventurado serás si regresas a la casa del Padre y experimentas el abrazo amoroso de quien siempre te espera incondicionalmente (*Lc* 15,20). *Ternura de Dios, hecha acogida, abrazos y besos por el hijo perdido y encontrado, sana mi corazón.*

Bienaventurado serás si escuchas y contemplas las lágrimas de Jesús por ti, porque no vives cómo Él quiere, porque «estás muerto». Él te quiere resucitar como a su amigo Lázaro (*Jn* 11,35). *Ternura de Dios, hecha lágrimas de amor profundo y sincero, riega con tu amor mi corazón.*

Bienaventurado serás si con humildad dejas que Jesús te lave los pies, te quite el polvo del camino y te enseñe la lección del servicio (*Jn* 13,4-10). *Ternura de Dios, hecha esclava por amor a los hombres, haz mi corazón humilde como el tuyo.*

Bienaventurado serás si avanzas hasta la cruz para contemplar a un Dios humillado, clavado en una cruz, cargando con los pecados del mundo (*Jn* 19). *Ternura de Dios, hecha pecado por amor y salvación mía y la de todos los hombres, rescata mi corazón.*

Bienaventurado serás si permaneces bajo la cruz para recibir de Jesús el regalo más hermoso de un hijo: «He ahí a tu madre» (*Jn* 19,26). Sí, bienaventurado serás por siempre porque quien acoge a la madre en su casa y en su corazón, tiene asegurado el Cielo. *Ternura de Dios, hecha don precioso de la madre, lleva mi corazón siempre a María y, por ella, a Jesús.*

Para la oración:

✓ Ponte en presencia de Dios y repasa junto a Él las experiencias de tu vida en donde hayas tocado esa ternura.

✓ De estas experiencias, escribe cuáles son las bienaventuranzas que más te tocan y que dirigen tu vida hacia Él.

✓ Expresa tu gratitud por estas señales tiernas de su presencia, y guárdalas en tu memoria y corazón. Ellas serán pilares para crecer en amistad y sostenerte en los momentos de cruz y oscuridad. Iluminarán tu vida y te darán calor.

5. Oración para sanar las heridas

¡Sáname, Señor!
De las esperas y de los olvidos del destino.

De las indiferencias de los corazones
que hieren el mío.

Sáname, Señor, de mis descuidos.
De aquellos errores que he cometido
al dar pasos sin pensar en ti
ni en tus caminos.

Sáname de las decepciones.
De aquello que anhelo y nunca ha sucedido,
de la esperanza perdida,
de aquello que nunca olvido.

Sáname, Señor, de aquello que oculto
y que guardo por temor, en el rincón del olvido.
Aquello que por vergüenza
bajo el silencio, no lo digo.

Sáname, Señor,
del querer sentirme amado y comprendido,
del orgullo que desea
ser tenido en cuenta y sostenido.

Que solamente busque ser pequeño,
tenido en nada,
sencillo y abrazado a tus designios.

Sáname… en fin, Señor, enséñame.
Ámame, que te necesito.

6. Letanías de sanación interior

Dios Padre y Protector mío, sáname.
Dios Hijo, Médico hecho Hombre, sáname.
Dios Espíritu Santo, Sanador y Santificador, sáname.

Santísima Trinidad, uno y trino, sáname.

Jesús nacido en Belén:
De mis heridas en la infancia, sáname, Señor.
De la falta de cariño y ternura, sáname, Señor.
De la ausencia de mis padres, sáname, Señor.
De cualquier maltrato, sáname, Señor.
De cualquier abuso, sáname, Señor.

Jesús, perdido y hallado en el templo:
De cualquier abandono, sáname, Señor.
De la falta de un hogar y familia, sáname, Señor.
De la soledad sufrida, sáname, Señor.
De la falta de confianza, sáname, Señor.

Jesús, camino, verdad y vida:
De toda infidelidad sufrida, sáname, Señor.
De toda infidelidad cometida, sáname, Señor.
De toda mentira, sáname, Señor.
De toda hipocresía, sáname, Señor.
De toda falta de comprensión en mi matrimonio, sáname, Señor.
De todo maltrato, insulto, palabras hirientes en mi matrimonio, sáname, Señor.

De todo mal causado por la pornografía, sáname, Señor.
Del aborto cometido, sáname, Señor.
De cualquier adicción, sáname, Señor.
De todo mal causado a mis hijos, sáname, Señor.
De todo mal recibido por mis padres, sáname, Señor.

De cualquier miedo, líbrame, Jesús.
De las heridas en mi mente, líbrame, Jesús.
De las heridas en mi corazón, líbrame, Jesús.
De las heridas en mi cuerpo, líbrame, Jesús.
De cualquier pensamiento negativo, líbrame, Jesús.
De la falta de amor a mí mismo, líbrame, Jesús.
De toda desesperación, líbrame, Jesús.
De toda soledad, líbrame, Jesús.

En tus santas llagas, escóndeme, Jesús.
Con tus manos santas, acaríciame, Jesús.
Con tu mirada tierna, levántame, Jesús.
En tus hombros fuertes, llévame, Jesús.
Con tus brazos siempre abiertos, abrázame, Jesús.
En tu pecho encendido de amor, acógeme, Jesús.

ORACIÓN

Jesús, hijo de Dios, ten compasión de mí. Me presento vulnerable, con mis heridas abiertas para que Tú las habites. No permitas que me separe de ti, para que desde tu cercanía y ternura, pueda sanar y ser testigo del amor tan grande que me tienes. Fortalece mi voluntad para perdonar a los que me han herido y dame tu humildad para saber yo también pedir perdón a las personas que han sido heridas por mí.

Madre mía, que tu compañía me sostenga en mi caminar hacia el Cielo, para que desde la cruz, junto a ti, sin

dejar de mirar a tu Hijo traspasado por mis pecados, pueda
sanar y vivir la paz que sólo viene del amor de Dios.

7. Jesús, déjame sanar tus heridas

En la oración, podemos ser un bálsamo para las heridas
de Jesús. Incluso nuestro más ínfimo intento por amarle,
puede ser fuente de consuelo para su Corazón herido y
continuamente lastimado. Repasemos una a una las heridas de Cristo, con el afán de acompañarle en su sufrimiento.

Aquella primera herida de tu Corazón en Getsemaní,
aquella soledad que te llenó de pavor y llevó tu alma hasta
una tristeza de muerte. Tus amigos te traicionaban, te entre-
gaban y te dejaban solo, mientras Tú clamabas: Padre mío,
si es posible, que pase lejos de mí este cáliz, pero no se haga
mi voluntad, sino la tuya (Lc 22,42).

Yo no te abandonaré, te haré compañía, secaré tus lágri-
mas, consolaré tu Corazón con mi fidelidad y mi presencia.
Escucharé tus palabras al Padre y las haré mías. Abrazaré
mi cáliz cada día, aprenderé de ti y sólo buscaré consolar tu
Corazón. Mi beso no será como el de Judas, sino el del amigo
fiel que se hace y permanece presente.

Me presentaré ante ti cada día a limpiar tu rostro con mi
amor delicado, constante, sencillo y tierno. Cubriré tu espal-
da con el bálsamo de mi fe, esperanza y caridad.

Aquí estoy, déjame curar tus llagas.

Miraré tu frente, con crueles espinas hundidas en ella.
Huiré de todo pecado y te seré fiel para que nunca más se
clave alguna en tu santa cabeza. Retiraré esa infame corona,

alejando de mí las envidias, los malos pensamientos, el orgullo, el odio y el rencor.

Aquí estoy, déjame sanar las heridas de tu cabeza.

Pondré mis manos en las tuyas y no me separaré de tu divina voluntad. Entrelazaré mis dedos con los tuyos, para que dirijas mi vida y no me separe nunca de ti. Colocaré mis pies junto a los tuyos y abandonaré libertades para fijarlos en ti. Caminaré por donde Tú camines, subiré tus montañas y navegaré tus mares junto a ti.

Aquí estoy, déjame aliviar las heridas de tus pies y manos.

Consolaré tu costado escondiéndome en él para siempre. Haré silencio en mi corazón para escuchar sólo tus latidos, así podrán los dos latir al unísono. Seremos un solo corazón, un mismo sentir, un mismo querer.

Dejaré que mi corazón quede también traspasado, para que Tú puedas entrar. Tu Eucaristía será mi consuelo, el signo de nuestro amor sellado hoy en la cruz.

Llevaré almas a tu Corazón y tu Corazón a las almas. Hablaré sólo del amor y por el amor. Experimentaré tu infinita misericordia y abriré siempre mi miseria a tu infinito amor. Te pediré perdón y escucharé tu perdón. Dejaré que me robes el corazón y también robaré el tuyo como el buen ladrón.

Aquí estoy, déjame habitar siempre en tu Corazón.

Perdóname, Señor, por tantas heridas. Permíteme curarlas todas con mi fidelidad, mi ternura y mi delicadeza en el amor.

Aquí estoy. Yo te he herido, y quiero sanar tus heridas.

Para la oración:

✓ Seguir repasando la Pasión, cada detalle de amor de Cristo y convertirlo en un diálogo y en un compromiso de mi parte.

✓ Reflexionar en qué renuncias pueden ser un bálsamo para las heridas de Jesús. ¿Puedo dejar ir a la envidia, la mentira, los celos, el egoísmo, el orgullo… sabiendo que ello traerá consuelo a su sufrimiento?

✓ Contemplar sus heridas y mis heridas. Decirle: «Todo lo mío es tuyo y todo lo tuyo es mío» (*Jn* 17,10).

8. La oración del «Hágase»

Elegir la mejor parte en la oración

La oración es pedir, pero sobre todo acoger, como María. Es un estar en la presencia de Dios con la disponibilidad del corazón y de la voluntad para dejarse hacer por Él, dejarse caminar por su Palabra, y dejarse amar por el Espíritu de Amor.

Muchas veces buscamos el protagonismo, nos preocupamos de los sentimientos, de las dificultades y distracciones. Queremos recoger frutos concretos y salir contentos de la oración. Pero esto no es lo más importante. Lo que realmente transforma en la oración es la acción de Dios. Él es el verdadero protagonista y, por lo mismo, elegir la «mejor parte» es ceder a Él el protagonismo del encuentro.

Hágase en mí tu presencia

Vivo en medio de un mar de ruidos, de personas, de actividad y no encuentro el silencio de tu presencia. Siento una soledad que no sé expresar en palabras. Lo tengo todo, pero no tengo nada. No tengo nada y quiero tenerlo todo. Necesito de tu presencia más que el sol y la luz del día.

Hágase en mí tu presencia, aquí están tu esclavo y esclava. Quiero tener mis ojos fijos en tus manos (Sal 122,2), quiero estar atento a tus gestos. Hágase en mí tu presencia, yo no puedo presentarme, me siento indigno, por eso te pido que tu presencia se haga en mí, se descubra y se desvele en lo más profundo de mi corazón. Con María, ¡hágase en mí tu presencia!

Hágase en mí tu amor

Mi corazón camina como peregrino por este mundo en busca de la tierra Prometida. Siento el calor y el frío del desierto. Siento el hambre y el cansancio. Me cuesta caminar, me pesa mi infidelidad. No sé amar y no sé si alguna vez aprenderé a amar con pureza. Quisiera que este corazón de piedra (Ez 11,19) se volviese de carne como el tuyo y entonces sí podría amar, sí sabría amar, sí querría amar. Con María, ¡hágase en mí tu amor!

Hágase en mí tu ternura

Te pienso cada día, te admiro, te adoro, te alabo, Señor. Mi experiencia tuya es tan limitada. Leo el Evangelio y siento envidia, tantas personas que sintieron tu mano tocando la suya, ojos que contemplaron el cielo al ver los tuyos, oídos que escucharon la música de tus palabras de vida eterna. Quiero sentirme seguro en tu regazo, en tu barca. Aunque duermas y haya tormenta (Mt 8,24), quiero sentir tu presen-

*cia tierna que me vela, me protege y me acompaña cada día
y cada noche. Con María, ¡hágase en mí tu ternura!*

Hágase en mí tu fuerza

*La debilidad es compañera y recuerdo de que estamos de
paso en esta vida. Me siento desfallecer ante tantos retos,
luchas, desánimos. Necesito que seas mi sostén, que salgas
en mi búsqueda. Que pueda pastar en los campos del mundo
con confianza porque Tú, Buen Pastor, saldrás en mi búsqueda (Mt 18,12) y tu cayado será mi fortaleza. Mi debilidad necesita un sostén. Mis límites piden un Redentor, una
seguridad, una roca donde estar firme (Sal 31,4). Con María,
¡hágase en mí tu fuerza!*

Hágase en mí tu humildad

*La vida me enseña que el camino de la fortaleza pasa por
la debilidad (2 Co 12,10), que la humildad no sólo es una
necesidad, sino que es camino de vida. El campo de mi vida
tiene que estar sembrado con semillas de humildad para poder dar frutos de vida eterna (Mt 13,3-9). Tu vida fue un
someterse libre y amorosamente a la voluntad del Padre. Tu
encarnación fue un acto de humildad por amor a los hombres. Nos enseñaste que tu Corazón es humilde y manso
(Mt 11,29). Quiero ser yo también imagen tuya para el mundo, debilidad que dé fruto y santifique. Con María, ¡hágase
en mí tu humildad!*

Hágase en mí tu dolor

*Tu vida fue un ascenso continuo hacia la cruz. Deseabas ar-
dientemente recibir ese bautismo (Lc 12,50) porque sabías
que era para borrar nuestros pecados. Tu dolor fue mi dolor
porque tomaste sobre tus hombros lo que me correspondía.*

Tu dolor es mi dolor porque sufro al ver tanto amor en tu Corazón y tanta ingratitud en el mío. Pero este sufrimiento todavía no es puro, necesita ser tocado por el tuyo más profundamente, más intensamente, más amorosamente. Desde lo alto de la cruz nos perdonaste (Lc 23,34). Desde ese lugar privilegiado te dejaste robar el Corazón por un ladrón que reconoció tu inocencia y tu dolor redentor (Lc 23,39-43). Desde tu trono de gloria, miraste a tu madre y nos la donaste como tu última voluntad. Con María, de rodillas, yo te pido, ¡hágase en mí tu dolor!

Y a ti, María…
Y a ti, María, madre del amor más hermoso, madre del Redentor y madre mía, te pido que se haga en mí según tu palabra y tu vida. Que mi corazón sea un reflejo del tuyo; que me enseñes tus actitudes y tus virtudes. Pero, si tengo que pedirte algo, es que me enseñes a pronunciar cada día, desde mi dolor, silencio y vacío: ¡HÁGASE EN MÍ, SEGÚN TU PALABRA!

9. ¿Cómo rezar con el corazón de María?

María, un hijo no puede dejar de imitar a su madre. Todo lo he aprendido de ti. Mi sonrisa es tuya, mi oración es tuya, mi corazón es tuyo. Quiero ser tu mejor discípulo, tu mejor hijo y tu mejor hija. Quiero que en mi vida, como en la tuya, me deje hacer para ser digno hijo de una madre tan hermosa y buena como tú.

Por eso, Madre, acudo a ti y te ofrezco esta oración que brota de mi corazón de hijo agradecido:

Hágase tu apertura al Espíritu Santo en mi vida como en la tuya.

Hágase tu silencio sonoro hecho oración en mi vida como en la tuya.

Hágase tu fe incondicional en el plan de Dios en mi vida como en la tuya.

Hágase tu prisa en servir en mi vida como en la tuya.

Hágase tu gratitud y canto de las maravillas de Dios en mi vida como en la tuya.

Hágase tu humildad y pobreza confiada de Belén en mi vida como en la tuya.

Hágase tu ternura de madre llena de cuidados en mi vida como en la tuya.

Hágase tu vigilancia y protección cariñosa en mi vida como en la tuya.

Hágase tu entrega y ofrecimiento en el Templo en mi vida como en la tuya.

Hágase tu solicitud y preocupación delicada en mi vida como en la tuya.

Hágase tu presencia discreta y eficaz en mi vida como en la tuya.

Hágase tu fortaleza al pie de la cruz en mi vida como en la tuya.

Hágase tu gozo al abrazar a tu Hijo resucitado en mi vida como en la tuya.

Hágase tu oración junto a los apóstoles en mi vida como en la tuya.

Hágase tu entrega al Padre en la Asunción en mi vida como en la tuya.

Para la oración:

✓ En presencia de María y junto a ella, continúa estas letanías del «Hágase», viendo qué virtudes admiras más
de María y cuáles pueden ayudarte más. Habla con ella,
pidiéndole que se hagan en tu vida como en la suya.

✓ Busca en el Evangelio los pasajes más significativos de
la vida de María y, junto a ella, repite estas letanías,
como una experiencia de fe, confianza y amor al plan
de Dios en tu vida.

✓ Preséntate de la mano de María junto a la cruz de Cristo y reza las letanías del «Hágase», aplicándolas a las
experiencias de cruz en tu vida.

10. Oración de mi abuelita por los hijos

El corazón de una madre está lleno de sus amores y los hijos ocupan un lugar privilegiado. Una madre que ora por
sus hijos es una madre que busca lo mejor para ellos: la protección divina.

En el funeral de mi abuela, siendo yo seminarista, reci-
bí el secreto de su perseverancia como madre de once hijos:
la oración que rezaba cada día. En la estampita que nos re-
galaron con su foto, hallé esta hermosa oración que ahora
comparto con ustedes. Es la oración de una madre por sus
hijos y también la de una abuelita por los hijos de sus hijos.
Así se crea una cadena de amor y oración que protege a
cada familia.

Jesús: mira por mis hijos. Tu amor creador me los dio; mi corazón de madre te los entrega. Que yo sepa respetar los planes que tienes sobre ellos.

Míralos con predilección. Que te sean fieles hasta la muerte. Que ellos sepan amarte a ti y por ti a todos los hombres.

Que pasen por el mundo haciendo el bien, y que un día los vea contigo en el Cielo.

Toma mis sufrimientos y mi vida, por ellos. Soy su madre.

11. ¿Cómo consagrar tu corazón a Jesús por María?

Una de las oraciones más hermosas es la consagración a Dios a través de María. Es un acto de entrega a Dios por las manos de María. Ella nos dice siempre: *hagan lo que Él les diga* (*Jn* 2,5). Ella siempre nos lleva al Corazón de su Hijo. Ella se consagró a Él y donó todo su cuerpo y alma.

Consagrarse a Ella es imitarla en su deseo de ser toda de Cristo. Este tipo de oración de consagración es un gran medio para crecer en intimidad con Dios, moldear la voluntad, suavizar el carácter y crecer en fe, en esperanza y en caridad.

Las palabras pueden ayudar, pero lo importante es la preparación y el firme deseo de entregarse a Dios por medio de María. Éste fue el lema de Juan Pablo II: *Totus tuus* («Soy todo tuyo»).

Les comparto mi consagración

Hace ya 21 años, antes de entrar en el seminario, viajé al Santuario de la Virgen de Fátima para consagrar mi vocación. Ella me vio nacer un 13 de mayo y por eso quise agradecerle el don de la vida, su protección y poner en sus manos mi vocación sacerdotal en la Legión de Cristo.

Éste es el texto de mi consagración. Te invito a hacer tu propia consagración, recorriendo tu vida y poniendo toda tu historia y tu corazón en manos de María.

¡Oh, Dulce Virgen María! Madre mía, en la advocación de Nuestra Señora de Fátima, hoy vengo peregrino para consagrarme a ti.

Un 13 de mayo, hace ya más de 20 años, vine al mundo de tu mano y hoy quiero consagrarme a ti y ofrecerte mi vida para que juntos andemos este camino que el Señor me ha preparado.

Santa María Virgen, Madre mía, me consagro a ti abandonando en tus manos de madre mi vocación de sacerdote Legionario de Cristo. Con total confianza, como hijo tuyo que soy, te entrego toda mi alma: dígnate aceptarla para modelarla según las perspectivas divinas. Imprime en mí la semejanza de tu santidad, hazme cada vez más conforme al ideal de Cristo, para que sea un sacerdote santo y lleve muchas almas a Dios.

Con un corazón filial, con el deseo de pertenecer más enteramente a Dios, te hago esta consagración, me uno a ti y te ofrezco la posesión de mí mismo para que tú adhieras todo mi ser al Señor.

Sé que con esta consagración me comprometo a tu camino, que es camino del amor que se entrega sin límites, acepto por anticipado todas las renuncias que lleva consigo, y te prometo con la gracia de Dios no quejarme de las exigencias de esta entrega total, no rehusar los sacrificios que me pide el Señor.

Cuento con el gozo con que fomentarás mi generosidad, para que mi consagración sea una plena dilatación del alma en la tuya tan llena de amor.

Madre Santísima, al ofrecerme a ti con una consagración definitiva, te confío todo lo que poseo y todo lo que soy, todo lo que el Señor me ha dado.

Te entrego mi inteligencia para que se llene, como la tuya, del Misterio de Cristo, y para que comprenda, gracias a Él, todas las cosas.

Te entrego mi voluntad para que se dirija únicamente hacia el bien, y se robustezca contra todas las desviaciones y tentaciones.

Te entrego mi corazón para que lo animes de un inmenso amor, sincero y generoso, que no se busque a sí mismo.

Te entrego mi cuerpo y mis sentidos para que vivan en la pureza y ayuden a mi alma a remontarse al Señor.

Te entrego mi libertad para que se libere de la servidumbre de las pasiones y escoja siempre lo que agrada a Dios.

Te entrego mis preocupaciones y mis temores para que se pierdan en la seguridad de un Padre Bueno y Vigilante.

Te entrego mis deseos y mis esperanzas para que, fijos más exclusivamente en el Señor, sean colmados plenamente.

Te entrego mis penas y mis alegrías para que sean transfiguradas en la pena y en la alegría del Redentor.

Virgen de Fátima, que bajaste de los Cielos con el rosario en las manos como una red salvadora y con el corazón al descubierto para que no pudiésemos resistir, no permitas que me separe de ti, y que, como un niño que comienza a andar, me deje llevar de tu mano cariñosa hacia Aquel que tiene Palabras de Vida Eterna.

¡Sé tú la Reina de mi vida y de mi conducta; gobierna todo lo mío, para que todo sea del Señor!

Gracias, Madre. Amén.

Para la oración:

✓ Elige un día significativo para hacer esta consagración.

✓ En oración, repasa tu vida, tu historia, tus amores, tus cruces y, junto a María, en presencia de Dios, prepara el texto de tu consagración.

✓ Prepárate durante un tiempo conveniente para entregar tu vida a Dios por María. Existen textos que pueden ayudarte, el más famoso es el de 33 días de consagración de san Luis María Grignion de Montfort. Si estás interesado, he escrito una versión personal de estos 33 días de Consagración a María, con situaciones y lenguaje más actualizados. Si me envías un correo a saldetucielo@gmail.com, puedo hacértela llegar.

✓ Una vez consagrado, renueva en la misma fecha esta entrega y disfruta mucho de la presencia de María en tu vida.

12. Carta de un sacerdote al Niño Dios

Querido Niño Jesús:

Te tengo aquí presente en este rato de adoración. Pienso en ti y te pienso. Sí, parece lo mismo, pero en realidad no lo es. Muchas veces pienso en ti, me acuerdo de ti, pero no te pienso. Es como decir que falta algo de camino para que de mi mente llegues a mi corazón. Bueno, en realidad estoy enamorado de ti, pero mucho menos de lo que Tú lo estás de mí. Y ése es el camino que quiero recorrer. En el fondo, Tú ya estás en mi corazón, y yo quizás ni siquiera he llegado al mío porque me falta tanto amor.

Te agradezco

Hoy quiero agradecerte este esfuerzo de salir de tu Cielo para venir a nuestra tierra, a mi tierra de cada día. Tanto tiempo peregrino en busca de la tierra Prometida y ahora en ti descubro esa promesa, ese amor, esa ternura: Dios con nosotros, Dios conmigo, Dios para mí, en una cueva, en Belén.

Te tengo en la Eucaristía. Te miro y me miras. No sé quién tiene más admiración, si yo de ti o Tú de mí. Me amas y te amo. Naciste ya hecho Eucaristía, hecho pan para comerte, tanta fue tu ternura. Naciste en Belén, que quiere decir «Casa del Pan». Y con razón María te quería comer a besos. Eucaristía anticipada por aquella que te dio la vida.

¿Qué me dices, qué te digo?

Esto es lo que me dices hoy: hay que dar la vida, hacerse alimento para los demás. Cada día dejarse comer, ser Eucaristía para los hombres mis hermanos, tus hermanos. En la cueva donde naciste encuentro el ejemplo para lograrlo: la humildad del lugar, el silencio de la noche, la pobreza que elegiste y la mejor compañía: María y José. ¡Qué bien se está aquí contigo! Es una auténtica transfiguración: tu gloria se dibuja en tu pequeñez, tu amor en la sencillez y tu fuerza en tu debilidad. Tres virtudes que deben resonar en mi vida, pero, la verdad, ¡qué pronto se me olvidan!

Por eso, quiero mirarte y aprender de ti como un espejo de amor. Que tu sonrisa me haga sonreír. Que tu sueño me dé paz, que tu silencio me haga aprender a escuchar.

Quiero adelantarme a los pastores y a los Reyes Magos. Quiero llegar aquí cada mañana el primero. Suena egoísta, pero es que necesito verte, tocarte, olerte y besarte. Eres carne de mi carne, uno como yo, ¡eres real! Quiero que esta experiencia me acompañe durante el día. ¡He tocado, he visto, he abrazado el Verbo de Dios! ¡Ha dormido en mis brazos y ha llorado junto a mí y por mí!

Ser consuelo de tu Corazón es mi mayor deseo. Verte dormir, mi mayor paz. Ojalá pudiese vivir mi sacerdocio consolándote y diciéndote: «Descansa, ahora me toca a mí». Pero en el fondo, sé que tu Corazón siempre está velando y soy yo el que es cuidado por ti. Al menos déjame intentarlo, déjame ser consuelo para tu Corazón.

¿Qué puedo regalarte?

Con la emoción de verte entre nosotros, Jesús, no te he traído un regalo. ¡Qué despiste! Otros llegarán al rato con regalos preciosos del Lejano Oriente o con humildes ofrendas de pastor. Y yo, ¿qué puedo regalarte? Mi vida es tuya, ya lo sabes. Te la entregué hace más de 20 años. Soy pobre, aunque no tanto como Tú. Algo debe quedarme, seguramente mi corazón puede ofrecerte un mayor amor, un esfuerzo más delicado en mi servicio, un desprendimiento más generoso cada día para encontrarme contigo, superando cansancio, tristeza, miedos y apegos. Sí, creo que éste será mi regalo, te dejaré aquí mi corazón para que te dé calor, te consuele, te entretenga y te alegre. Así, cada día tendré que volver temprano en la mañana para alimentarme de tu amor, de tu mirada y de tu bondad. Con tu Corazón en el mío caminaré más rápido, haré más bien al mundo, me amaré mejor y amaré a más personas.

Nos unimos en la Eucaristía
La Eucaristía que celebro cada día será nuestro encuentro, nuestro regalo, nuestro alimento y nuestro recuerdo. Nos uniremos y ya no tendremos dos corazones, sino que el mío se fundirá en el tuyo, mi voluntad en la tuya, mi mirada en la de tus ojos, mi ternura en la de tu amor.

Belén, casa del pan, cueva silenciosa del milagro de Dios entre los hombres. Eucaristía anticipada hecha vida, ternura y gozo. En tu humilde morada dejo mi corazón en el pesebre.

Despedida
Me retiro antes de que lleguen los pastores. Me voy sin mi corazón pero sí con el tuyo. ¡Qué gran regalo he recibido a cambio de lo poco que te dejo! Tu amor en mi pecho y el mío en tu pesebre. Descansa, duerme tranquilo. Mañana regreso de nuevo. Tu sacerdote por siempre,

P. Guillermo Serra, L.C.

NB: No pienses que no me he dado cuenta, ¡tienes la madre más hermosa del mundo!

13. Mis palabras en la Basílica de Guadalupe

Les dejo mi oración ante Jesús y María en la misa de mi 10.º aniversario sacerdotal.

GRACIAS, JESÚS

Tus manos de alfarero me abrazaron.
Con paciencia me amasaron
dando forma a un vaso nuevo,
conteniendo tesoros de misericordia.

Tanto amor en juego.
Encerrado en una libertad humana.
Confianza ciega cada día renovada
en el Amigo siempre fiel.

Con ternura me levantas
y tu mirada me sostiene.
Tu Palabra es mi escudo
en todas mis batallas.

Cada huella de tus plantas
me señala el sendero.
Ir al Cielo, sólo eso quiero.
Y cargado de mis almas
verte un día cara a cara.

Con temor yo te levanto
y mi alma te contiene.
Cada encuentro misterioso

es un sello de amistad.
Imitarte y transformarme.
Sacerdote para siempre.
Sueño Cielos en la tierra,
como un cirio siempre ardiente.

GRACIAS, MADRE

Gracias, Madre muy querida,
presencia tierna y vigilante.
Con tu manto me proteges
y me llevas adelante.

Renovar yo quiero,
a tus pies benditos,
con un corazón contrito,
mi don sacerdotal,
mi vocación religiosa,
mi misión evangelizadora,
mi llamado a la santidad.

Te entrego
mi vida y mis sueños,
cruces y tesoros,
todo lo que soy.

¿Tener? No tengo nada.
Tuyo soy desde mi consagración.
Cuídalo y límpialo,
es mi corazón,
que hoy te entrego nuevamente
en este acto de oblación.

Apéndice 1

Definiciones de la oración

✓ La oración es un querer ver a Jesús, es confiar y buscar una mirada que te cambiará la vida. .... Pág. 39

✓ La oración es mover el corazón para levantarnos de nuestra situación actual, para ponernos en camino y superar obstáculos para ver quién es Jesús.
.... Pág. 41

✓ La oración es el encuentro de dos miradas, en silencio, diciéndose todo y reservándose nada. .... Pág. 42

✓ La oración es enviar un aviso a Jesús de lo que hay en nuestro corazón. .... Pág. 46

✓ La oración es mirar a Jesús con la confianza de un niño, caer a sus pies con la confianza de un enfermo y suplicarle con insistencia con la confianza de un pobre.
.... Pág. 49

✓ La oración es vivir sus huellas, tener hambre de Él para que, poniéndonos en su presencia, se nos revele y nos regale su mirada, su palabra, su vida y su Corazón.
.... Pág. 50

✓ La oración verdadera es un acto de humildad, de presentarnos indefensos ante el amor de Dios.
.... Pág. 51

✓ La oración debe ser para mí un doblar irresistiblemente las rodillas ante su amor, un sentirme seguro en mi inseguridad, un humillarme para ser exaltado por su mano que se tiende para sostenerme, acogerme y abrazarme. .... Pág. 52

✓ La oración debe ser un presentarse ante Jesús con nuestras debilidades, como somos, con confianza. Y así, en su presencia, dejar que Él nos tome de la mano, nos

aleje del ruido que llevamos dentro, de nuestras preocupaciones, miedos, temores y prejuicios.

✓ La oración es morir para vivir. Es dejar que su presencia
siembre semillas de eternidad en mi corazón para que,
muriendo yo mismo, pueda cobrar vida y, así, dar vida
a otros.

✓ La oración es presentar mis heridas a Cristo, dejar que
tome mi corazón, mi historia y mis sentimientos, toda
mi miseria, para que Él los coloque en su Corazón y allí
yo vea cómo se transforman por su amor misericordioso en vida, en esperanza y en plenitud.

✓ La oración es un donar mis heridas a Cristo para que Él
me done su misericordia.

✓ La oración es una cita con el Médico de nuestras almas,
nuestro Creador y Redentor.

✓ La oración es un medio para curar las heridas de Cristo.

✓ La oración es acompañar a un Dios que se hace vulnerable y que toma sobre sí mi pecado. Es mirar cómo me
ama, cómo sufre, cómo es herido y cómo en silencio
sube hasta la cruz por mí.

✓ La oración es escuchar ese Corazón abierto y entrar en
Él para nunca más volver a salir.

✓ La oración es contemplar el rostro de Dios en un Cristo que se deja deformar por el odio cruel, para así formar en mí el Cielo de la redención. ....Pág. 82

✓ La oración es el encuentro del hoy de Dios y del pecado del hombre. Es un grito confiado para que Él se acuerde de nosotros, nos introduzca en su Corazón, y así podamos vivir en el Paraíso. ....Pág. 85

✓ La oración es muchas veces estar, callar, contemplar, agradecer, sufrir y esperar. ....Pág. 90

✓ La oración es una contemplación radiante de Cristo, pero también puede ser un grito en la noche en busca de su amor. ....Pág. 94

✓ La oración puede ser un diálogo amistoso, cordial, sereno, o también un esperar madurado en la soledad aparente de su ausencia. ....Pág. 94

✓ Orar es silenciar nuestro yo, para que Cristo nos descubra quiénes somos, pronunciando nuestro nombre desde sus labios de resucitado. Es dejarse dar sentido por la vida. ....Pág. 100

✓ La oración es dejar que su Palabra llegue hasta nuestros oídos para penetrar en nuestro interior y remover la piedra con la que nuestro egoísmo sella nuestro corazón ....Pág. 100

✓ Orar es caminar hacia Jesús temprano, porque el amor no espera. ....Pág. 101

✓ La oración es vaciar el corazón, no esconder nada delante de Dios, dejar que Él nos descubra con nuestros sentimientos, heridas, anhelos y esperanzas.

✓ La oración es mirar a Jesús y descansar los ojos del corazón en los suyos y entrar así en su Corazón humano. Es contemplar el paisaje de su amor, cada día distinto, nuevo, lleno de color y belleza.

✓ La oración es llenarse del gozo de ser poseído por el amor de Dios.

✓ La oración es pedir, pero sobre todo acoger, como María. Es un estar en la presencia de Dios con la disponibilidad del corazón y de la voluntad para dejarse hacer por Él, dejarse caminar por su Palabra, y dejarse amar por el Espíritu de Amor.

Apéndice 2

Citas bíblicas

Cita	Página
Gn 12,1	10, 13
Gn 15,5	95
Gn 28,12	91,97
Ex 12,1-14	95
1 Sm 3,1-10	95
Job 5,18	91
Job 42,5	41
Sal 26	79
Sal 31,4	127
Sal 42,3	96
Sal 56	101
Sal 120	78
Sal 122,2	126
Sal 144	78
Is 45,8	13
Is 49,15	97, 103
Is 52,7	37
Is 53,5	79
Jr 1,5	85
Ez 11,19	126
Mt 1,23	92
Mt 2	95
Mt 3,17	101
Mt 5,8	59
Mt 8,24	126
Mt 9,1; 9-13	70, 107
Mt 11,29	127

Acompaña a la Madre Santa Teresa de Calcuta

Tengo sed nos ofrece la oportunidad de pasar unos minutos cada día con la Madre Teresa y con la sed de nuestro Dios. Nos ayuda también a crecer en nuestra intimidad con Dios y descubrir que la sed de Dios es una sed de nuestra sed de Él.

Para mayor información visita Tengosed.AugustineInstitute.org
Adquiérelo en Amazon.com

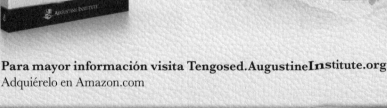